LAURA WILHELM

DESIGN BUCH NÄHEN

KREATIVE NÄH-IDEEN MIT STIL

LAURA WILHELM

DESIGN
BUCH NÄHEN

KREATIVE NÄH-IDEEN MIT STIL

6   Designstudien

108   Grundlagen und Tipps

112   Autorin | Impressum

24   Modische Akzente

52   Stilvoll wohnen

74   Süße Träume

100   Die kleine Stadt

Denken Sie manchmal, dass es Spaß machen würde, die Nähmaschine wieder einmal auszupacken, die alten Kenntnisse aufzufrischen und mit schönen Stoffen zauberhafte Dinge selbst zu nähen? Fehlt Ihnen nur „der letzte Kick", um selbst kreativ zu werden und individuelle Stücke anzufertigen?

In diesem Buch finden Sie originelle Lieblingstaschen und gemütliche Wellness-Hosen für die ganze Familie, schicke Kissenhüllen und schöne Wohnideen für Ihr Zuhause, modische Accessoires und wunderbare Geschenke für Ihre beste Freundin.

Weil alle Schnitte in Originalgröße auf dem Bogen zu finden sind und die Anleitungen Schritt für Schritt erklärt sind, schaffen es auch Ungeübte spielend, die Modelle in diesem Buch nachzuarbeiten.

Ihrer eigenen Kreativität sind dabei keine Grenzen gesetzt; Sie können die Schnitte auch abwandeln und mithilfe unserer Designstudien auch eigene Ideen umsetzen. Die Stoffe aus der Free Spirit Kollektion lassen sich nach Herzenslust kombinieren. Grafische Punktemuster, traditionelles Vichy-Karo, romantische Rosendessins und klassische Streifen ergänzen sich ideal.

Dieses Buch macht Lust aufs Nähen!

Viel Freude dabei wünscht Ihnen

... DAMENRÖCKE ..

HÄNGERCHEN

IM NACKEN GESCHNÜRT

GROSSE TASCHEN

MIT GUMMIZUG INNEN

... DAMENKLEIDER / OBERTEILE ...

WENDBARE
SCHULTERTASCHEN

KLEINE UMHÄNGETASCHE

... GROSSE UND KLEINE

TASCHEN...

... BEUTEL ALLER ART ...

EINKAUFSTASCHE

TASCHEN AUS VERSCHIEDENEN STOFFEN

... MÄDCHEN-
KLEIDER ...

TUNNELZUG MIT
SEIDENBAND

ERDBEER-
APPLIKATION

SAMT
BÄND-
CHEN

...MÄDCHENRÖCKE...

... KOPFTUCH, HUT + CO ...

... ORDNEN UND VERWAHREN ...

HANDYTASCHE
MIT KARABINER

SCHMINKTASCHE

KAMERATASCHE

... HANDY, KAMERA & CO. ...

... BODENKISSEN ...

... Applikationen ...

... WELLNESSHOSEN FÜR ...

... DIE GANZE FAMILIE ...

Designstudien Stilvoll wohnen

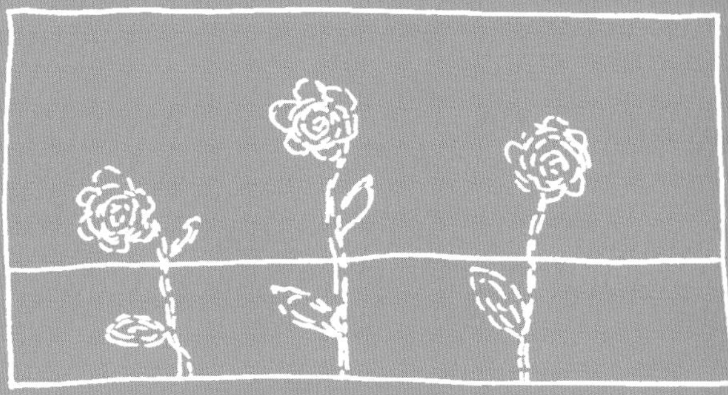

AUFGESTEPPTE KREISE / MOTIVE

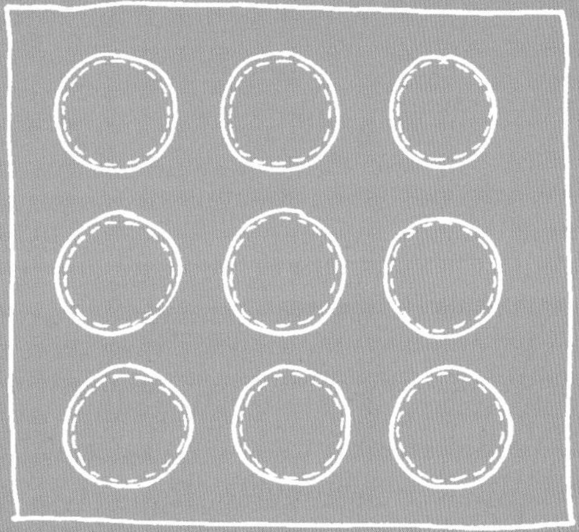

ZUSAMMENGESETZT

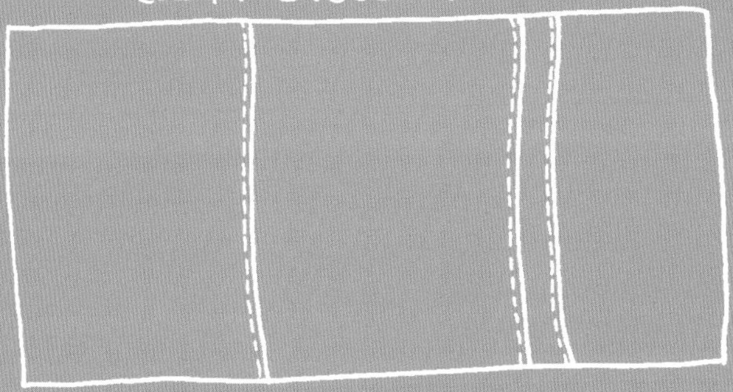

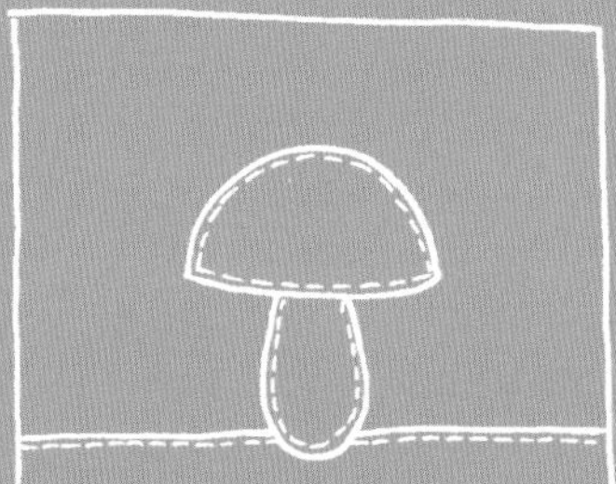

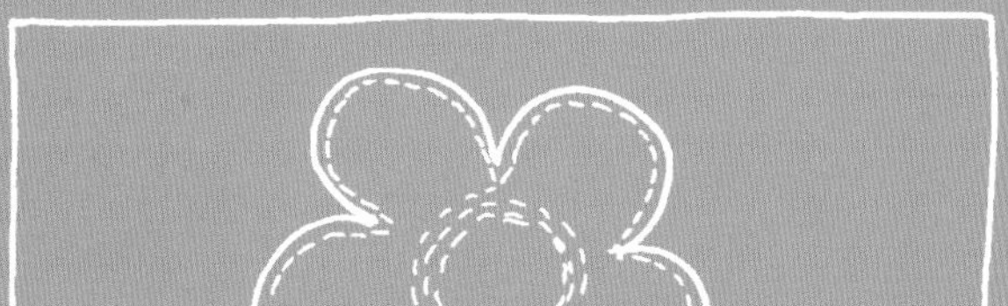

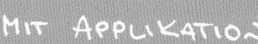

MIT APPLIKATION

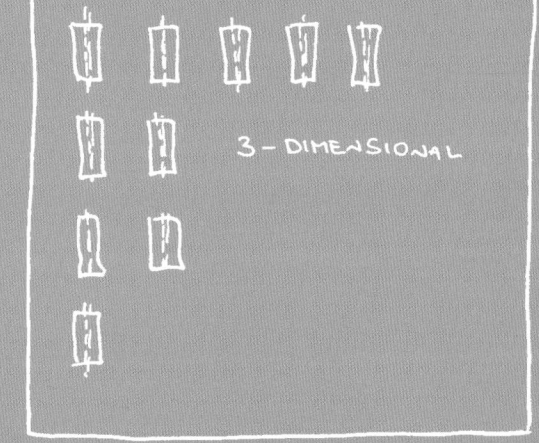

3-DIMENSIONAL

... KISSENIDEEN ...

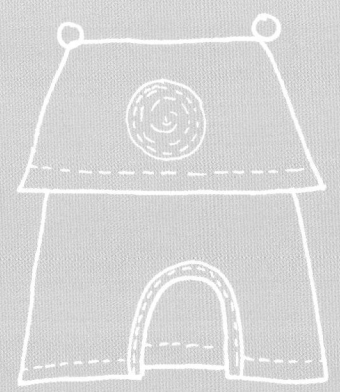

... DIE KLEINE STADT ...

MODISCHE AKZENTE

26   Gemustertes Neckholderkleid

29   Romantisches Kinderkleid

32   Baby-Kleidchen

34   Duftiger Damenrock

37   Luftiger Rock für Mädchen

38   Sommerhüte zum Wenden

40   Sommerliche Erdbeertasche

42   Erdbeer-Shirt und Delfin-Hemdchen

43   Geblümtes Kopftuch

44   Umhängetasche mit Applikation

46   Gemustertes Taschen-Set

48   Große Umhängetasche

50   Kamera-Tasche

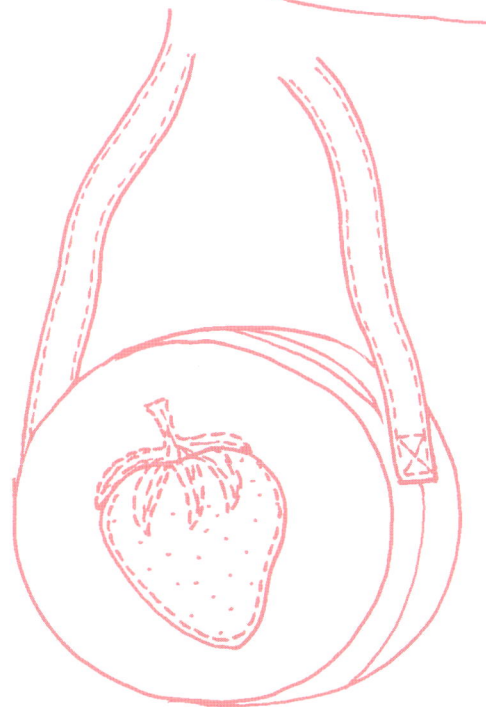

Gemustertes **Neckholderkleid**

SCHWIERIGKEITSGRAD 2

GRÖSSE
36/38 – 40/42 – 44/46

MATERIAL
Stoff A (QAH2400-SEA), 1,65 – 1,70 – 1,75 m

Stoff B (QVM1600-RAIN), 0,10 m für Bindebänder hinten, Rest 30 x 40 cm für Taschen

weiches Gummiband, 2 cm breit,
0,35 – 0,40 – 0,45 m

Nähgarn Coats Cotton Nr.50, Hellblau,
Fb 2336

SCHNITTMUSTERBOGEN A (PINK)

Achten Sie beim Zuschneiden von Stoffen mit großen Mustern auf eine gleichmäßige Verteilung der Motive! Bestimmen Sie den Stoffbruch so, dass ein auffälliges oder großes Motiv mittig verläuft und möglichst nicht oder „sinnvoll" (z. B. genau halbiert) angeschnitten wird. Hier verteilt sich das große Blumenmotiv so, dass eine ganze Blume auf Brusthöhe sitzt und drei ganze Blumen den Saum entlang laufen. Auch sollte der Zuschnitt beim vorderen und rückwärtigen Rockteil gleich sein. So verbrauchen Sie unter Umständen etwas mehr Stoff, erreichen dafür aber eine schöne, ausgewogene Optik.

Vorderteil und Rückenteil sind, da sie fast schnittgleich sind, auf dem Schnittbogen ineinander gezeichnet. Die Oberkante des Rückenteils ist eingezeichnet.
Der Schnitt auf dem Bogen ist 15 cm länger als das Modell auf dem Foto, so kann die Kleidlänge beliebig festgelegt werden. Länge einfach am Saum kürzen. Der Stoffverbrauch ist für die lange Version berechnet.

NAHT- UND SAUMZUGABEN
An allen Nähten und Kanten 1,0 cm (Beleg Armausschnitt obere kurze Seite ohne Nahtzugabe – siehe Schnittzeichnung!)
Unterer Saumabschluss 4,0 cm

NÄHANLEITUNG
Alle Teile gemäß Schnittmuster zuschneiden. Vorder- und Rückenteil bis auf den Saum, alle Belege und die Taschen rundum mit Zickzackstich versäubern.

BÄNDER
Nackenband der Länge nach mittig links auf links falten und zusammensteppen, dabei eine kurze Seite als Wendeöffnung lassen. Nahtzugaben auseinanderbügeln, Band auf rechts wenden. Die Ecken mit Hilfe einer stumpfen Nadel oder eines Stiftes wenden. Nochmals von rechts bügeln, um eine saubere Umbruchkante zu erhalten. Offene Kante von Hand schließen.
Mit den Bindebändern ebenso verfahren, aber die Wendeöffnungen mit Zickzackstich versäubern. Sie werden in die Seitennähte mit eingenäht und müssen daher nicht von Hand geschlossen werden.

BELEG RÜCKENTEIL FÜR GUMMIZUG
Die seitlichen Nahtzugaben des Rückenteilbelegs 1,2 cm auf links umbügeln (der Beleg soll später nicht in die Seitennaht mit eingefasst werden) und steppfußbreit feststeppen. Die Oberkante des Belegs rechts auf rechts auf das Rückenteil steppen, Nahtzugaben auseinanderbügeln. Beleg nach innen falten, Nahtzugabe einschlagen und heften. Beleg knappkantig feststeppen.

	SCHNITTTEILE		
1	Vorderteil Kleid	1x im Stoffbruch Stoff A
2	Rückenteil Kleid	1x im Stoffbruch Stoff A
3	Beleg Armausschnitt VT	1x Stoff A
4	Beleg Tunnelzug VT	1x Stoff A
5	Beleg Gummizug RT	1x Stoff A
6	Tasche	2x Stoff B
	NICHT AUF SCHNITTMUSTERBOGEN:	
7	Nackenband	1x Stoff A (Zuschnitt 57 cm x 10 cm, Nahtzugabe 1 cm im Maß enthalten)
8	Bindebänder Rücken	2x Stoff B (Zuschnitt je 57 cm x 12 cm, Nahtzugabe 1 cm im Maß enthalten)

TASCHEN

Nahtzugaben der zwei gerundeten Seiten der Taschen nach innen umbügeln, dabei eventuell die Nahtzugaben an der Rundung etwas einschneiden.

Besätze der Taschen nach innen falten, Nahtzugaben einschlagen und 2 cm von der Kante feststeppen. Taschen gemäß Schnittmarkierung so auf dem Vorderteil platzieren und festheften, dass die seitlichen Nahtzugaben der Taschen bündig mit der Nahtzugabe des Vorderteils sind. Die gerundeten Kanten der Taschen doppelt feststeppen (0,1 und 0,7 cm von Kante) und innerhalb der Seitennaht mit einfachem Steppstich fixieren.

ARMBELEGE VORDERTEIL

Armbelege rechts auf rechts auf die Armausschnitte des Vorderteils heften und feststeppen. Dabei beachten, die Belegteile 1 cm unterhalb der Oberkante des Vorderteils anzusetzen, da sie wie im Schnitt angegeben an der oberen kurzen Kante keine Nahtzugabe haben. Nahtzugaben auseinanderbügeln, Armbelege nach außen klappen, die Nahtzugaben Richtung Vorderteil legen.

BELEG TUNNELZUG VORDERTEIL

Die Oberkante des Belegs rechts auf rechts auf die Oberkante des Vorderteils heften. Dabei nochmals darauf achten, dass die Nahtzugaben am Armausschnitt des Vorderteils in Richtung Vordere Mitte umgelegt sind. Die seitlichen Nahtzugaben des Tunnelzugbelegs werden nicht umgelegt, stehen also 1 cm über. Feststeppen, dabei die umgebügelten Nahtzugaben des Vorderteils mitfassen. Nahtzugaben auseinanderbügeln, Beleg nach oben klappen. Nahtzugaben in Richtung Vorderteil legen.

Armbelege nach innen über die Nahtzugabe des Vorderteils und des Tunnelzugbelegs legen. Dabei wird gleichzeitig die seitliche Nahtzugabe des Tunnelzugbelegs ebenfalls nach innen umgeklappt. Armausschnitt sehr sorgfältig bügeln, die Nahtzugaben bei Bedarf einschneiden und festheften. Armausschnittnaht von der Seitennaht beginnend steppfußbreit absteppen, bis über den Tunnelzug nach oben. Die Nahtzugabe des Tunnelzugs wird dabei mit festgenäht.

Tunnelzugbeleg nach innen legen, Nahtzugabe einschlagen und 2,5 cm von der oberen Kante feststeppen.

Vorderteil und Rückenteil rechts auf rechts aufeinanderlegen und heften. Dabei die Bindebänder gemäß der Markierungen so platzieren, dass sie beim Zusammennähen der Seiten gleich mitgefasst werden.

Seitennähte schließen, Nahtzugaben auseinanderbügeln, Kleid auf rechts wenden.

Nackenband einziehen.

Gummiband einziehen und an einer Seite im Nahtschatten der Seitennaht fixieren.

Länge des Gummibands bei Anprobe anpassen und an der anderen Seite ebenfalls in der Seitennaht festnähen.

Romantisches
Kinderkleid
Beschreibung Seite 30

Romantisches **Kinderkleid**

SCHWIERIGKEITSGRAD 3

GRÖSSE
110 – 122 – 134

MATERIAL
Stoff A (QTW1800-PINK), 1,55 – 1,60 – 1,65 m

Stoff B (QVM1800-GERAN), 15 x 30 cm
für Erdbeerapplikation

Samt- oder Satinband, farblich passend,
1,0 cm, 1,20 – 1,25 – 1,30 m

Vliesofix, 15 x 30 cm für Erdbeerapplikation

Vlieseinlage für Besatz Knopfleiste

Nähgarn Coats Cotton Nr. 50, Rosa, Fb 2511

Ziergarn Coats Creative Nr. 16, Natur, Fb 1418

3-5 Knöpfe, farblich passend

**SCHNITTMUSTERBOGEN A
(DUNKELGRÜN)**

Die Besätze für die Knopfleiste sind angeschnitten und werden wie im Schnitt eingezeichnet mit Einlage verstärkt.
Die eingezeichneten Knopflöcher beziehen sich auf drei Knöpfe mit 1,5 cm Durchmesser und für Kleidgröße 122/134. Bei mehr Knöpfen oder Schnittgröße 110 müssen die Knopflöcher entsprechend versetzt und angepasst werden.

NAHT- UND SAUMZUGABEN
An allen Nähten und Kanten 1,0 cm
Innenkanten Belege ohne Nahtzugabe
Unterer Saumabschluss 4,0 cm
Erdbeermotive ohne Saumzugabe

NÄHANLEITUNG
Alle Teile aus Stoff A gemäß Schnittmuster zuschneiden.
Besatz Knopfleiste von links mit Vlieseinlage verstärken, Nahtzugaben aussparen.
Schnittkanten Vorderteil und Rückenteil bis auf den Saum und alle anderen Teile ringsum mit Zickzackstich versäubern.

Vliesofix auf Stoffstück B aufbügeln, Erdbeermotiv zweimal spiegelverkehrt aufzeichnen und ausschneiden. Papier von Vliesofix entfernen und Erdbeeren gemäß Positionsangabe auf dem Vorderteil Kleid aufbügeln.
Umsteppen der Erdbeeren und Aufsteppen der Erdbeerstiele mit der Maschine:
Kontur der Stiele gemäß Positionsangabe auf den Stoff übertragen. Stärkere Nähnadel (90-100) wählen und das naturfarbene Ziergarn als Oberfaden verwenden. Sticheinstellung auf Stoffrest überprüfen, Stichlänge ca. 3,5 mm, eventuell Oberfadenspannung etwas lockern. Konturen der Erdbeere zwei Mal „lässig" versetzt mit dem naturfarbenen Ziergarn nachsteppen, im gleichen Arbeitsgang die Konturen des Stiels ebenfalls 1-2 mal versetzt nachsteppen.
Nähnadel und Garn wieder umwechseln.
Vorder- und Rückenteil rechts auf rechts legen und Schulternähte steppen, Nahtzugaben auseinanderbügeln.
Die äußeren Nahtzugaben der Besätze für die hintere Knopfleiste auf links umbügeln und festheften. Besätze nach außen wenden, rechts liegt auf rechts, und am Halsausschnitt feststecken. Besätze an den unteren Kanten bis zur rückwärtigen Mittelnaht steppen. Nahtzugaben zu den Nahtenden hin schräg in die Ecken einschneiden. Innenbelege der Rückenteile mit Innenbeleg vom Vorderteil an den Schulternähten zusammensteppen. Nahtzugaben auseinanderbügeln.
Belegteil rechts auf rechts auf den Halsausschnitt heften, die Schulternähte treffen zusammen. Die Nahtzugabe der offenen Enden des rückwärtigen Halsausschnittbelegs 1 cm zwischen die umgeklappten und festgesteckten Besätze der Knopfleiste stecken.

	SCHNITTTEILE UND MOTIVE		
1	Vorderteil Kleid	1x im Stoffbruch Stoff A
2	Rückenteil Kleid	2x Stoff A
3	Innenbeleg Vorderteil Halsausschnitt	1x im Stoffbruch Stoff A
4	Innenbeleg Rückenteil Halsausschnitt	2x Stoff A
5	Innenbeleg Armloch Vorderteil	2x Stoff A
6	Innenbeleg Armloch Rückenteil	2x Stoff A
7	Motiv Erdbeere mit Positionsangabe	2x Stoff B
	NICHT AUF SCHNITTMUSTERBOGEN:	
4	Durchzugblende	1x (Zuschnitt 72–76–80 cm x 3,5 cm, Nahtzugabe 1 cm im Maß enthalten)

Die obere Kante der Besätze (Nahtzugabe bleibt umgeklappt und wird mitgefasst) und den Innenbeleg rundum aufsteppen. Nahtzugaben zurückschneiden, bei Bedarf an den Rundungen einschneiden. Besätze und Innenbeleg nach innen wenden und bügeln. Halsausschnitt inklusive Knopfleiste von rechts steppfußbreit absteppen. Knopfleisten schmalkantig festnähen.

Rückwärtige Mittelnaht und Seitennähte steppen, Nahtzugaben auseinanderbügeln.

Innenbelege Armloch an Schulter- und Seitennähten zusammensteppen, Nahtzugaben auseinanderbügeln.

Belege rechts auf recht auf die Armausschnitte heften, Schulter- und Seitennähte treffen zusammen. Belege rundum aufsteppen, nach innen wenden und bügeln. Von rechts steppfußbreit feststeppen.

Die schmalen Seiten der Durchzugblende 1 cm breit nach innen umbügeln, einschlagen und feststeppen. Längskanten 1 cm breit zur linken Stoffseite umbügeln. Blende wie eingezeichnet auf das Kleid heften und an den Längskanten schmalkantig aufsteppen.

Am linken Rückenteil wie eingezeichnet oder wie angepasst, Knopflöcher fertigen. Knöpfe annähen.

Samt- oder Seidenband in den Durchzug einziehen. Länge der Bindebänder festlegen, bei Bedarf etwas kürzen. Die offenen Kanten der Bänder doppelt einschlagen und von Hand schließen.

Baby-Kleidchen

NAHT- UND SAUMZUGABEN

An allen Nähten und Kanten 1,0 cm
Abschluss Saumblende 2,0 cm

NÄHANLEITUNG

Alle Teile gemäß Schnittmuster zuschneiden.
Vorderteil rechts auf rechts auf Rückenteil heften.
Schulter- und Seitennähte steppen. Nahtzugaben
zusammen mit Zickzackstich versäubern.
Saumblende an den kurzen Seiten rechts auf
rechts zusammensteppen. Nahtzugabe zusammen mit Zickzackstich versäubern.

Untere Kante der Saumblende 2 cm nach innen
falten, 0,7 cm einschlagen und knappkantig festnähen.
An die obere Kante der Blende Einhaltefäden
nähen (siehe Lehrgang S. 111) und passend zur
Länge der unteren Kleidkante einkräuseln.
Saumblende rechts auf rechts an die Kleidkante
heften und feststeppen. Die Naht der Saumblende
kann entweder auf eine Seitennaht oder auf die
hintere Mitte gelegt werden. Nahtzugaben zusammen mit Zickzackstich versäubern, nach oben
legen und bügeln.

Vorderteil Kleid an der vorderen Mitte einschneiden bis Markierung Schlitzende. Nahtzugaben
nach innen (auf links) umbügeln. Die Nahtzugaben verlaufen zum Schlitzende hin schräg. Nahtzugaben von rechts mit Zickzackstich (Stichbreite
ca. 3-4 mm, Stichlänge ca. 2-3 mm) so feststeppen, dass die Kante der Nahtzugabe voll erfasst
wird. Mit den Nahtzugaben der Armausschnitte
ebenso verfahren.
Diese Methode ist zwar etwas unkonventionell,
aber sehr leicht und effektiv umzusetzen. Der
üblicherweise nur zum Versäubern eingesetzte
Zickzackstich sieht hier sehr dekorativ aus.

Wer mit dieser Methode nicht zurecht kommt,
kann auch ein farblich passendes Schrägband
verwenden.

Die Stoffrose von Hand an das Schlitzende nähen.

SCHWIERIGKEITSGRAD
2

GRÖSSE
74/86

MATERIAL
Stoff A (QVM1700-ROSE),
0,60 m

Nähgarn Coats Cotton Nr. 50,
Rosa, Fb 2511

kleine Stoffrose als Verzierung

**SCHNITTMUSTERBOGEN
A (ROT)**

Duftiger **Damenrock**

Achten Sie beim Zuschneiden von Stoffen mit großen Mustern auf eine gleichmäßige Verteilung der Motive! Bestimmen Sie den Stoffbruch so, dass ein auffälliges oder großes Motiv mittig verläuft und „sinnvoll" angeschnitten wird. Hier wird die Blume an der oberen Kante genau halbiert und passt so noch zweimal auf die Rockbahn. Auch sollte der Zuschnitt beim vorderen und rückwärtigen Rockteil gleich sein. So verbrauchen Sie unter Umständen etwas mehr Stoff, erreichen dafür aber eine schöne, ausgewogene Motivoptik.

NAHT- UND SAUMZUGABEN
An allen Nähten und Kanten 1,0 cm.

NÄHANLEITUNG
Alle Teile gemäß Schnittmuster zuschneiden, Seitenlinien der Falten und Schlitzende für Reißverschluss markieren. Seitennähte mit Zickzackstich versäubern.

Vorderes Rockteil (rechte Stoffseite innen) so falten, dass die Faltenlinien zusammentreffen. Faltenlinien wie im Schnitt verzeichnet auf 5 cm Länge steppen. Faltentiefen nach außen bügeln und innerhalb der Nahtzugaben festnähen oder heften.

Mit den Falten des rückwärtigen Rockteils genauso verfahren.

Vorderes Rockteil rechts auf rechts auf rückwärtiges Rockteil legen, Seitennähte heften und steppen. Bitte beachten: Linke Seitennaht nur ab Schlitzende bis unten steppen. Nahtzugaben auseinanderbügeln, Schlitz noch geheftet lassen. Reißverschluss unter die Schlitzkanten heften, die Zähnchen bleiben verdeckt. Reißverschluss mit dem Reißverschlussfüßchen feststeppen. Einlage in die Besatzteile bügeln. Vorderen

Besatz rechts auf rechts auf den rückwärtigen Besatz legen, rechte Seitennaht steppen. Nahtzugaben auseinanderbügeln. Untere Besatzkante mit Zickzackstich versäubern.

Besatz rechts auf rechts auf die obere Rockkante heften, die geschlossene Seitennaht trifft auf die geschlossene Besatznaht. Die Nahtzugaben der seitlichen Besatzkanten links auf links einschlagen. Besatz feststeppen. Heftfäden entfernen. Besatz nach oben legen, Nahtzugaben in den Besatz bügeln. Besatz nach innen umbügeln und heften. Obere Rockkante von rechts Steppfußbreit absteppen.

Besatzkanten von Hand an die Reißverschlussbänder nähen.

Vordere Saumblende rechts auf rechts auf die rückwärtige Saumblende heften, Seitennähte steppen. Nahtzugaben auseinanderbügeln. Rockteil auf links wenden. Blende mit der rechten Seite auf die linke untere Rockkante heften und feststeppen.

Rock wenden, Blende zur rechten Rockseite umbügeln. Nahtzugabe an der oberen Blendenkante nach innen einschlagen. Blendenkante schmal feststeppen.

	SCHNITTTEILE	
1	Vorderes Rockteil	1x im Stoffbruch Stoff A
2	Rückwärtiges Rockteil	1x im Stoffbruch Stoff A
3	Vordere Saumblende	1x im Stoffbruch Stoff B
4	Rückwärtige Saumblende	1x im Stoffbruch Stoff B
5	Vorderer Besatz	1x im Stoffbruch Stoff B
6	Rückwärtiger Besatz	1x im Stoffbruch Stoff B
		linksseitig mit Einlage verstärken

SCHWIERIGKEITSGRAD
2

GRÖSSE
36/38 – 40/42 – 44/46

MATERIAL
Stoff A (QAH2400-ZINNI),
1,35 m

Stoff B (QTW 1800-PINK),
0,80 m bei schrägem
Zuschnitt wie hier im Karo
(0,40 m bei geradem
Zuschnitt im Fadenlauf)

Reissverschluß, 16 cm,
Opti S40, Fb 749

leichter Einlagestoff für
vorderen und rückwärtigen
Besatz

Nähgarn Coats Cotton Nr. 50,
Rosa, Fb 2511

**SCHNITTMUSTERBOGEN
A+B (ORANGE)**

SCHWIERIGKEITSGRAD
2

GRÖSSE
98/104 – 116/122 – 134/140

MATERIAL
Stoff A (QVM1800-GERAN),
0,40 – 0,50 – 0,60 m

Stoff B (QTW1700-GRAPE),
0,35 – 0,40 – 0,45 m

Samt- oder Satinband,
1,0 cm, farblich passend,
1,25 – 1,30 – 1,35 m

weiches Gummiband,
1,5 cm breit,
0,50 – 0,55 – 0,60 m

Nähgarn Coats Cotton Nr. 50,
Rot Fb 7810

2 Zierknöpfe für die Taschen,
farblich passend

**SCHNITTMUSTERBOGEN
A (LILA)**

Luftiger **Rock** für Mädchen

Das vordere und rückwärtige Rockteil ist schnitt-gleich, daher auf dem Schnittbogen als ein Schnittteil zu finden.

NAHT- UND SAUMZUGABEN

An allen Nähten und Kanten 1,0 cm
Unterer Saumabschluss 3,0 cm

NÄHANLEITUNG

Alle Teile gemäß Schnittmuster zuschneiden. An den Taschen im eingezeichneten Bereich direkt auf der Kante Einhaltefäden (siehe Seite 111) nähen und leicht kräuseln. Besätze der Taschen nach innen falten, Nahtzugaben ein-schlagen und 2 cm von der Kante feststeppen. Zwei Samtbänder je 11 cm lang für die Taschen zuschneiden.

Samtbänder 2 cm von der Kante entfernt so auf die Besatznaht heften, dass diese verdeckt wird. Samtbänder beidseitig knappkantig aufsteppen. Nahtzugaben der Taschen nach innen umbügeln. Platzierung der Taschen auf vorderem Rockteil: Taschen 7,0 – 8,0 – 8,5 cm parallel zur vorderen Mitte und 3,0 – 5,0 – 7,0 cm von der unteren Kante entfernt auf das Rockteil heften und schmalkantig aufsteppen.

In die obere Kante der Saumblenden Einhalte-fäden nähen und passend zur Länge der unteren Rockkanten einkräuseln.

Saumblenden rechts auf rechts an die Rockteile heften und feststeppen. Nahtzugaben zusammen mit Zickzackstich versäubern und nach oben legen und bügeln. Eine Seitennaht steppen, Naht-

zugaben zusammen mit Zickzackstich versäubern. Samtband bündig an die Teilungsnaht auf die Seite der Rockteile heften (ebenfalls Nahtzugabe von 1 cm zugeben) und beidseitig knappkantig aufsteppen. Die andere Seitennaht steppen und versäubern, das Samtband wird dabei in die Nahtzugabe mit eingenäht.

Nahtzugabe Saum 3 cm nach innen falten, 1 cm einschlagen und 2 cm von der Kante festnähen. Rockbund an der kurzen Seite rechts auf recht zusammensteppen, Nahtzugaben zusammen mit Zickzackstich versäubern.

Rockbund rechts auf rechts an den Rock steppen, dabei die Bundnaht genau auf die linke Seiten-naht setzen. Nahtzugaben zusammen mit Zick-zackstich versäubern und in den Rockbund bügeln. Rockbund am Umbruch nach innen falten, Nahtzugabe einschlagen und festheften. Von rechts im Nahtschatten feststeppen, 4 cm Öffnung für das Gummiband lassen. Gummizugweite fest-legen, Gummiband mit 6 cm Nahtzugabe zu-schneiden und einziehen. Gummiband 3 cm über-lappend von Hand oder mit der Maschine zusam-mennähen. Einziehöffnung schließen.

Zierknöpfe von Hand an die Taschen nähen.

SCHNITTTEILE			
	1	Vorderes Rockteil	1x im Stoffbruch Stoff A
	2	Rückwärtiges Rockteil	1x im Stoffbruch Stoff A
	3	Saumblende	2x im Stoffbruch Stoff B
	4	Rockbund angesetzt	1x im Stoffbruch Stoff B
	5	Taschen	2x Stoff B

Sommerhüte zum Wenden

SCHWIERIGKEITSGRAD 2

GRÖSSE
bis Kopfumfang 56 cm

MATERIAL
Stoff A (QTW2200-BLUSH), 0,50 m
Stoff B (QTW1800-PINK), 0,50 m
Vlieseinlage, stark, 0,45 m
Nähgarn Coats Cotton Nr. 50, Weiß, Fb 2716

**SCHNITTMUSTERBOGEN A
(HELLGRÜN)**

NAHTZUGABEN

Gebogene Seiten Kopfteile ohne Nahtzugabe
(0,7 cm sind bereits im Schnitt enthalten)
An allen anderen Schnittkanten 1,0 cm

Auch wenn es etwas mehr Mühe macht: Es
lohnt sich, die sechs Elemente des Hut-Teils
aus einem beliebigen Probestoff zusammen-
zunähen, um die Weite zu kontrollieren. Im
Schnitt ist seitlich bereits die Nahtzugabe
0,7 cm enthalten. Wenn nun z. B. jeweils
0,8 cm von der Kante entfernt gesteppt wird,
verringert sich der Umfang um 1,2 cm. Umge-
kehrt vergrößert sich der Umfang um 1,2 cm,
wenn Sie nur 0,6 cm von der Kante steppen.
Den veränderten Umfang müssen Sie an der
inneren Kante der Hutkrempe im Schnitt abziehen oder zugeben.
Den neuen Durchmesser des Innenkreises können Sie ermitteln, indem Sie den neuen Umfang
durch den Faktor 3,14 teilen.

NÄHANLEITUNG

Beide Teile gemäß Schnittmuster zuschneiden.
Alle Teile von Stoff A mit Vlieseinlage verstärken.
Die sechs Hut-Teile Stoff A der Reihe nach rechts
auf rechts von unten anfangend bis obere Mitte
zusammensteppen (gemäß Schnittbogen 0,7 cm

von der Kante oder je nach Erkenntnis am Probestück). Nahtzugaben jeweils sorgfältig auseinanderbügeln. Mit den sechs Hut-Teilen Stoff B
ebenso verfahren.

Hutkrempe A rechts auf rechts auf Hutkrempe B
heften. Äußere Krempennaht steppen, Nahtzugaben auseinanderbügeln, wenden.

Hut-Teil B links auf links in Hut-Teil A stecken,
darauf achten, dass die Nahtzugaben aufeinander treffen. Hut-Teile am unteren Rand innerhalb
der Nahtzugaben zusammenheften oder nähen.

Krempe so auf Hut-Teile festheften, dass Stoff
Krempe A rechts auf rechts auf Hut-Teil A liegt.
Krempe A an Unterkante Hut-Teil A+B feststeppen. Nahtzugaben Krempe B nach innen klappen
und so festheften, dass sie abschließend von
der Oberseite im Nahtschatten knappkantig festgesteppt werden können.

Ausgehend vom äußeren Krempenrand kann die
Krempe noch nach Belieben durch Nähte verziert
und verstärkt werden.
Sollte die Krempe innen zu groß geraten sein,
können Sie sie durch Einhaltefäden leicht
kräuseln und auf die richtige Weite bringen.

SCHNITTTEILE			
1	Hutteil, Oberseite	6x Stoff A	
		komplett mit Vlieseline verstärken	
	Hutteil, Wendeseite	6x Stoff B	
2	Krempe, Oberseite	2x Stoff A	
		komplett mit Vlieseline verstärken	
	Krempe, Wendeseite	2x Stoff B	

Sommerliche Erdbeertasche

NAHTZUGABEN

Nahtzugaben 1 cm im Maß enthalten.
Alle Schnitteile mit Vlieseinlage verstärken, beim Schulterriemen dabei die Nahtzugaben aussparen.

NÄHANLEITUNG

Alle Teile gemäß der Angaben zuschneiden und wie angegeben mit Vlieseinlage verstärken. Vliesofix auf Stoffstück C aufbügeln, Erdbeermotiv spiegelgleich aufzeichnen und ausschneiden. Papier von Vliesofix entfernen und Erdbeeren mittig auf die zwei äußeren Taschenkreise aufbügeln.

Die inneren Taschenkreise passgenau links auf links auf die äußeren Taschenkreise legen und festheften. So werden sie beim Umsteppen der Erdbeeren gleich fixiert.

Umsteppen der Erdbeeren und Aufsteppen der Erdbeerstiele mit der Maschine: Kontur der Stiele gemäß Positionsangabe auf den Stoff übertragen. Stärkere Nähnadel (90-100) wählen und als Oberfaden das naturfarbene Ziergarn einlegen. Sticheinstellung auf Stoffrest überprüfen, Stichlänge ca. 3,5 mm. Eventuell Oberfadenspannung etwas lockern.

Nun die Konturen der Erdbeeren zwei Mal „lässig" versetzt mit dem naturfarbenen Ziergarn nachsteppen, im gleichen Arbeitsgang die Konturen des Stiels ebenfalls 1-2 mal versetzt nachsteppen.
Nähnadel und Garn wieder wechseln.

Seitenteile rechts auf rechts aufeinanderlegen und festheften. Die Teile der Länge nach genau in der Mitte zusammensteppen, in der Mitte 20 cm ungesteppt lassen. Nahtenden gut sichern. Seitenteile so umklappen und auseinanderbügeln, dass beidseitig die rechten Stoffseiten sowie die 20 cm große Taschenöffnung zu sehen ist. Seitenteil an den kurzen Enden rechts auf rechts zusammensteppen, Nahtzugaben zusammen mit Zickzackstich versäubern.

Seitenteil rechts auf rechts (hier ist als rechte Seite die mit der Erdbeerapplikation gemeint!) auf ein Taschenteil heften und feststeppen. Achten Sie beim Heften darauf, dass der Stiel der Erdbeere nach oben in Richtung der Taschenöffnung zeigt! Das Feststeppen gelingt am besten, wenn der Kreis mit der linken Seite unten glatt auf dem Nähmaschinentisch liegt und das Seitenteil darüber. So hat man den besten Einfluss darauf, dass die Teile beim Steppen glatt zusammenkommen. Tasche auf links wenden und die zweite Seite des Seitenteil an den anderen Taschenkreis steppen. Nahtzugaben zusammen rundum mit engem Zickzackstich versäubern.

Nahtzugaben des Schulterriemens auf links umbügeln. Riemen der Länge nach falten und bügeln. Alle Kanten liegen sauber aufeinander, die Nahtzugaben liegen innen. Kanten knappkantig steppen. Je 4 cm der Riemenenden direkt an den Enden der Taschenöffnung festheften und am Seitenteil feststeppen.

Wenn Sie noch einen Verschluss für die Taschenöffnung anbringen möchten, dann nähen Sie nach dem Zusammensteppen der Seitenteile einen farblich passenden Reißverschluss (Länge 20 cm) ein. Reißverschluss in die Öffnung heften, die Zähnchen bleiben verdeckt. Reißverschluss mit dem Reißverschlussfüßchen von rechts feststeppen.

Sie können die Taschenmaße beliebig verkleinern oder vergrößern: Legen Sie die Größe des Kreises fest und berechnen Sie die passende Länge des Seitenteils folgendermaßen: (Kreisdurchmesser ohne Nahtzugabe) x 3,14 = Länge Seitenteil ohne Nahtzugabe. Die Seitenteilbreite können Sie der Taschengröße dann beliebig anpassen.

Sie können auch statt des Schulterriemens zwei kleine Henkel oder fertige Taschenhenkel (z. B. Ringe aus Holz) anbringen.

SCHNITTEILE UND MOTIVE				
	4	Motiv Erdbeerapplikation	s. Erdbeerkleid – mit 90% verkleinern	2x Stoff C
	NICHT AUF SCHNITTMUSTERBOGEN:			
	1a	Außenseite Tasche	Kreis mit Durchmesser 23 cm	2x Stoff A
	1b	Innenseite Tasche	Kreis mit Durchmesser 23 cm	2x Stoff A
	2	Schulterriemen	7 cm x 112 cm	1x Stoff A
	3	Seitenteil	8 cm x 68 cm	2x Stoff B

SCHWIERIGKEITSGRAD
2

GRÖSSE
Durchmesser 21 cm
Taschentiefe 6 cm

MATERIAL
Stoff A (QTW1800-PINK),
35 cm

Stoff B (QVM1300-MILK),
20 cm

Stoff C (QVM1800-GERAN),
15 x 30 cm für Erdbeer-
applikation

feste Vlieseinlage zum Ein-
bügeln, für alle Schnittteile

Vliesofix, 15 x 30 cm
für Erdbeeren

Nähgarn Coats Cotton Nr. 50,
Rosa, Fb 2511

Ziergarn Coats Creative,
Natur, Fb 1418

SCHNITTMUSTERBOGEN
A (HELLLILA)

Erdbeer-**Shirt** und Delfin-**Hemdchen**

Wunderschöne Applikationen werden schnell und einfach aus Reststoffen gezaubert. Sie verdecken im Bedarfsfall sogar Löcher oder Flecken und verwandeln Shirts von der Stange zudem noch in individuelle Einzelstücke!
Die Vorgehensweise ist wie beim Modell Erdbeertasche auf S. 40 beschrieben.

Auch einfache Einkaufstaschen aus Nesselstoff, schlichte Hosen und Tischdecken werden mit applizierten Motiven zu ganz persönlichen Geschenken!

UNBEDINGT BEACHTEN

Für Strickstoffe (Single Jersey, Sweatshirtstoffe und dehnbare Qualitäten) verwendet man unbedingt eine spezielle Nähmaschinennadel mit gerundeter Spitze oder eine Jerseynadel. Die normale Nadel beschädigt die Maschen und hinterlässt spätestens nach dem ersten Waschen große Löcher und Laufmaschen!
Bei dünneren T-Shirt- Qualitäten empfiehlt es sich zudem, den Bereich der Applikation vor dem Steppen von links mit Vlieseinlage zu verstärken.

Geblümtes **Kopftuch**

SCHWIERIGKEITSGRAD 1

GRÖSSE
für alle Größen passend

MATERIAL
Stoff A (QVM1300-MILK), ca. 40 x 80 cm

Stoff B (QVM1800-MILK), ca. 10 x 100 cm

Nähgarn Coats Cotton Nr. 50, Natur, Fb 1418

**SCHNITTMUSTERBOGEN A
(HELLBLAU)**

SCHNITT-TEILE		
1	Kopftuch	1x im Stoffbruch Stoff A
2	Bindeband, angesetzt	1x im Stoffbruch Stoff B

NAHTZUGABEN
An allen Nähten 1,0 cm

NÄHANLEITUNG
Beide Teile gemäß Schnittmuster zuschneiden.

Die zwei gleichen Seiten des Kopftuchs doppelt einschlagen (je 1,0 cm) und knappkantig absteppen. Überstehende Nahtkante zurückschneiden.

Das Bindeband am eingezeichneten Umbruch rechts auf rechts zusammenfalten und bügeln. Nahtzugaben nach oben bügeln. Wieder aufklappen.

Das Bindeband rechts auf rechts mittig über die Länge des Kopftuchteils heften und feststeppen.

Freie, nicht festgenähte Enden des Bindebandes beidseitig rechts auf rechts umlegen und genau bis zur Kante des Kopftuchs steppen. Bindeband wenden, Enden mit Stopfnadel oder Stift sauber bis in die Ecke ausformen und bügeln. Das komplette Bindeband so legen und heften, dass es von rechts im Nahtschatten festgesteppt werden kann.

Umhängetasche mit Applikation

Verwenden Sie den relativ hohen Verschnitt, der durch die angeschnittenen Henkel entsteht, für eine schnittgleiche Puppentasche im Miniformat. Dazu einfach den Taschenschnitt mit dem Faktor 45% verkleinern.
Für eine Mädchentasche verkleinern Sie den Schnitt mit dem Faktor 70%.

NAHT- UND SAUMZUGABEN
An allen Nähten und Kanten 1,0 cm

NÄHANLEITUNG
Alle Teile gemäß Schnittmuster zuschneiden und rundum mit Zickzackstich versäubern.

Herzmotiv mit Hilfe von Vliesofix in die Mitte der Hemdentasche bügeln. Beim Markieren der Mitte daran denken, dass oben noch 4 cm für den Besatz und unten noch 1 cm Nahtzugabe eingeschlagen werden.
Konturen mit der Maschine umsteppen: Stärkere Nähnadel (90-100) einsetzen und als Oberfaden das rote Ziergarn einwechseln. Sticheinstellung auf Stoffrest überprüfen, Stichlänge ca. 3,5 mm. Eventuell Oberfadenspannung etwas lockern. Konturen des Herzens einige Male „lässig" mit dem roten Ziergarn nachsteppen. Nähnadel und Garn wieder umwechseln.
Nahtzugaben der Hemdentasche nach innen umbügeln. Besatz der Tasche nach innen falten (insgesamt 4 cm inklusive Nahtzugabe), Nahtzugaben einschlagen und 3 cm von der Kante feststeppen. Hemdentasche mittig auf ein Taschenteil A heften und knappkantig feststeppen.

Applizieren Sie ein anderes Motiv auf die Innentasche, dann haben Sie noch mehr Abwechslung beim Wenden. Oder Sie applizieren ein Motiv nach dem Ineinandernähen der Taschenteile, dann erscheint die Steppkontur auch auf der anderen Seite. Hier auf farblich passenden Unterfaden achten!

Taschenteile Stoff A rechts auf rechts legen und heften. Durchgehende Seiten- bzw. Bodennaht steppen, beginnend an der einen Spitze der angeschnittenen Träger ganz durch bis zur anderen Spitze. Nahtzugaben auseinanderbügeln. Mit Taschenteilen Stoff B ebenso verfahren.

Taschenteil B rechts auf rechts in Taschenteil A ziehen, die Seitennähte treffen aufeinander. Außentasche A an Innentasche B steppen, in einer Taschenmitte beginnend, rundum durchgehend. Kurz vor Ende eine Wendeöffnung von 8 cm offen lassen. Tasche auf rechts wenden und bügeln. Wendeöffnung von Hand schließen.

SCHNITTTEILE UND MOTIVE

1	Tasche	2x im Stoffbruch Stoff A, 2x im Stoffbruch Stoff B
2	Herzmotiv	1x Stoff C
	NICHT AUF SCHNITTMUSTERBOGEN:	
3	Hemdentasche mit Applikation fertige Tasche 19 cm x 16 cm	1x Stoff D (Zuschnitt 24 cm x 18 cm, Nahtzugabe 1 cm und Besatz 3 cm im Maß enthalten)

SCHWIERIGKEITSGRAD
2

GRÖSSE
32 cm x 45 cm (ohne Henkel)

MATERIAL
Stoff A (QTW2000-GREEN),
0,95 m

Stoff B (QTW1800-GREEN),
0,95 m

Stoff C (QTW2100-FUCHS),
Rest für Herzapplikation

Stoff D (QTW 1800-PINK),
Rest 20 cm x 25 cm für aufgesteppte Tasche

Vliesofix, 15 x 12 cm
für Herzapplikation

Nähgarn Coats Cotton Nr. 50,
Weiß, Fb 2716

Ziergarn Coats Creative Nr.
16, Rot, Fb 7810

**SCHNITTMUSTERBOGEN
A (DUNKELBLAU UND
TÜRKIS)**

Gemustertes **Taschen-Set**

SCHWIERIGKEITSGRAD 2

GRÖSSE
Reißverschlußtasche 18 cm x 24 cm
Handytäschchen 9 cm x 15 cm

MATERIAL
REISSVERSCHLUSSTÄSCHCHEN
Stoff A (QAH2400-SEA), 50 cm x 32 cm

Stoff B (QVM1600-RAIN), 50 cm x 32 cm

feste Einlage zum Aufbügeln, 50 cm x 32 cm
für Außentasche

Reißverschluss, 30 cm Opti S40, Fb 298

Nähgarn Coats Cotton Nr. 50, Hellblau,
Fb 2336

Perlen, kleine Kristalle, kleines Stück Filz,
schmales Satinband als Verzierung

HANDYTÄSCHCHEN
Stoff A (QAH2400-SEA), Maß s. Tabelle

Stoff B (QVM1600-RAIN), Maß s. Tabelle

Volumenvlies, einseitig aufbügelbar,
Maß s. Tabelle

Klettband, 2 cm breit, 4 cm

Bändchen, 1 cm breit, 6 cm

Nähgarn Coats Cotton Nr. 50, Weiß, Fb 2716

Karabiner, 5 cm (Baumarkt oder Bastelbedarf)

Perlen, kleine Kristalle, Perlmuttknöpfe,
Filzkugel, Perlgarnrest als Verzierung

SCHEMAZEICHNUNG
Schnittmusterbogen A

**SCHNITTMUSTERBOGEN A
(SCHWARZ)**

Reißverschlusstasche

NAHTZUGABEN
Einlage vor Zuschnitt auf Stoff A aufbügeln und
mit Nahtzugabe zuschneiden.

NÄHANLEITUNG
Alle Teile gemäß der Angaben zuschneiden und
wie angegeben mit Einlage verstärken.
Außentasche rechts auf rechts auf Innentasche
heften und zusammensteppen. Dabei an einer
Seite eine Wendeöffnung von ca. 7 cm lassen.
Nahtzugaben auseinanderbügeln, Teil auf rechts
wenden und nochmals bügeln. Wendeöffnung
von Hand schließen.
Tasche zusammenklappen (Stoff A liegt innen)
und heften. Seitennähte bis zur Markierung Reißverschluss steppen. Nahtzugaben auseinanderbügeln.

ABNÄHER FÜR BODEN STEPPEN
Ecken am Boden der Tasche so umlegen, dass die
Seitennaht entlang der Bodenmitte in Richtung
Eckenspitze verläuft. Abnäher im rechten Winkel
zur Seitennaht 3,5 cm von der Eckenspitze step-
pen (siehe Lehrgang S. 109)

Ecke nach oben in Richtung Seitennaht klappen
und mit ein paar Handstichen fixieren. Tasche auf
rechts wenden.
Reißverschluss in die Öffnung heften, die Zähnchen bleiben verdeckt. Reißverschluss mit dem
Reißverschlussfüßchen von rechts feststeppen.
Aus 6 x 8 cm großen Stoffstücken kleine Riegel
fertigen: Rundum 1 cm nach innen umbügeln,
auf 2 x 5 cm zusammenklappen (Nahtzugaben
liegen innen) und knappkantig steppen. Riegel
von rechts über die Enden des Reißverschlusses
heften und an den kurzen Enden an die Tasche
steppen.

ANHÄNGER
Blumenmotiv aus Stoff A ausschneiden und mit
Zickzackstich auf ein gleichgroßes Stück farblich
passenden Filz (oder einen anderen festen Stoff)
steppen. Dabei gleich eine 8 cm lange Schlaufe
aus Satinband (vor dem Zusammensteppen zwischen die Teile legen) mit befestigen.
Glasperlen auf die Schlaufe ziehen, Anhänger an
Reißverschluss knoten.

Wenn Sie eine Kordel oder ein Band an den
Riegeln befestigen, können Sie das Täschchen
umhängen und als kleine Handtasche nutzen.

SCHNITTTEILE		REISSVERSCHLUSSTASCHE		
	1	Tasche	1x im Stoffbruch Stoff A (Außentasche)	
			1x im Stoffbruch Stoff B (Innentasche/Futter)	
		NICHT AUF SCHNITTMUSTERBOGEN: HANDYTÄSCHCHEN		
	1	Außentasche	21 cm x 21 cm	1x Stoff A
		Volumenvlies mittig aufbügeln, Nahtzugaben bleiben frei		
	2	Innenfutter	13 cm x 21 cm	1x Stoff B
		Volumenvlies für Außentasche	19 cm x 19 cm	

Handytäschchen

NAHTZUGABEN
Nahtzugaben 1 cm im Maß enthalten

NÄHANLEITUNG
Alle Teile gemäß der Angaben zuschneiden und wie angegeben mit Volumenvlies oder Vlieseinlage verstärken.

Klettbänder wie in der Schemazeichnung angegeben auf die rechte Stoffseite der Außentasche steppen.

Außentasche rechts auf rechts zusammenklappen. Seiten- und Bodennaht steppen.

Auf rechts wenden. Die offene Seite mit den Klettverschlüssen an der Umbruchkante 5 cm nach innen umschlagen und festheften.

Innenfutter auf 16 x 10,5 cm falten, rechte Seite innen. Seiten- und Bodennaht steppen und wenden. Die Nahtzugabe der offenen Seite nach innen umbügeln.

Außentasche auf links wenden, Innenfutter aufstülpen und rundum von Hand an den nach innen umgeschlagenen Besatz der Außentasche nähen. Handytasche auf rechts wenden. Das Bändchen für den Karabiner zur Schlaufe falten und innen an die Seitennaht heften. Den oberen Rand rundum steppfußbreit absteppen, das Bändchen für den Karabiner wird so gleich mit angesteppt. Karabiner in Schlaufe ziehen.

Veredeln Sie die Handytasche individuell mit kleinen Perlmuttknöpfen, die Sie zusammen mit einer Perle von Hand aufnähen und fädeln Sie aus kleinen Perlen, Kristallen und z. B. einer Filzkugel einen dekorativen Anhänger.

SCHWIERIGKEITSGRAD
2

GRÖSSE
38 cm x 54 cm (ohne Henkel)

MATERIAL
Stoff A (QTW1900-BLUE),
0,60 m

Stoff B (QVM1800-RAIN),
0,60 m

Nähgarn Coats Cotton Nr. 50,
Weiß, Fb 2716

**SCHNITTMUSTERBOGEN
A (HELLGRAU)**

Große **Umhängetasche**

Achten Sie beim Zuschneiden von Stoffen mit großen Mustern auf eine gleichmäßige Verteilung der Motive! Bestimmen Sie den Stoffbruch so, dass ein auffälliges oder großes Motiv (hier bei Stoff A das sich wiederholende Ornament) mittig verläuft und „sinnvoll" angeschnitten wird, also nicht unnötig „verschnitten" wird. Auch bei der Tasche sollte der Zuschnitt beim vorderen und rückwärtigen Taschenteil gleich sein. So verbrauchen Sie unter Umständen etwas mehr Stoff, erreichen dafür aber eine schöne, ausgewogene Motivoptik.
Beim oben angegebenen Stoff A passt der Schnitt genau (zwei Mal nebeneinander auf die Stoffbreite gelegt) mit der Ornamentmitte zusammen, daher ist der Stoffverbrauch in diesem Fall ebenso gering wie beim kleingemusterten Stoff B.

NAHT- UND SAUMZUGABEN
An allen Nähten und Kanten 1,0 cm

NÄHANLEITUNG
Alle Teile gemäß Schnittmuster zuschneiden, Seitenlinien und jeweilige Mitte der Falten markieren. Alle Teile rundum mit Zickzackstich versäubern.
Bei allen vier Taschenteilen die Seitenlinien der Falten so in Richtung Faltenmitte legen, dass die Seitenlinien zusammentreffen und eine Kellerfalte entsteht (siehe Lehrgang S. 110). Falten bügeln und innerhalb der Nahtzugabe feststeppen.

Taschenteile Stoff A rechts auf rechts legen und heften. Durchgehende Seiten- bzw. Bodennaht steppen. Nahtzugaben auseinanderbügeln. Mit Taschenteilen Stoff B ebenso verfahren. Taschenteil B rechts auf rechts in Taschenteil A ziehen. Die Seitennähte und Kellerfalten treffen aufeinander. Außentasche A an Innentasche B steppen.

Dabei die Ansatzöffnungen für die Henkel und eine Wendeöffnung von 8 cm offen lassen. Tasche auf rechts wenden und bügeln. Wendeöffnung von Hand schliessen.

Je einen Henkel Stoff A rechts auf rechts auf Henkel Stoff B legen, heften und an den langen Seiten zusammensteppen. Nahtzugaben auseinanderbügeln, Henkel wenden und nochmals bügeln.

Nahtzugaben der Ansatzöffnungen an der Tasche nach innen einschlagen und die Henkel in die Öffnungen heften. Verbindungsnaht knappkantig steppen.

1	Tasche	2x im Stoffbruch Stoff A (für Außentasche)
		2x im Stoffbruch Stoff B (für Innentasche)
2	Henkel	2x im Stoffbruch Stoff A (Henkel Außentasche)
		2x im Stoffbruch Stoff A (Henkel Innentasche)

SCHNITTTEILE

Kamera-Tasche

NAHTZUGABEN

Nahtzugaben 1 cm im Maß enthalten

NÄHANLEITUNG

Alle Teile gemäß der Angaben zuschneiden und wie angegeben mit Volumenvlies oder Vlieseinlage verstärken.

Taschenteile rechts auf rechts zusammenheften, drei Seiten zusammensteppen, an der oberen kurzen Seite eine 9 cm große Öffnung lassen. Die Öffnung bitte genau mittig setzen, da an dieser Stelle später die Taschenklappe eingesetzt wird. Nahtzugaben auseinanderbügeln, an den Ecken schräg zurückschneiden, Taschenteil wenden und bügeln.

Tunnelzug auf 5,5 x 8 cm falten, rechte Seite innen. Kurze Kanten zusammensteppen. Nahtzugaben an den Ecken schräg zurückschneiden, auf rechts wenden und bügeln. Kurze Seiten von rechts steppfußbreit absteppen.

Taschenklappen rechts auf rechts zusammenheften, an beiden langen und einer kurzen Seite zusammensteppen. Nahtzugaben auseinanderbügeln, an den Ecken schräg zurückschneiden, wenden und nochmals bügeln. Rundum steppfußbreit absteppen, dabei auch die offene Seite zusammensteppen.

Klappe mit der offenen Seite 2 cm tief in die Öffnung des Taschenteils schieben, dabei trifft Klappenseite Stoff A auf Taschenseite Stoff B. Tunnelzug zusammenfalten und ebenfalls mittig in die Öffnung des Taschenteils stecken. Klappe und Tunnelzug gut festheften. An dieser Stelle muss entschieden werden, welche Seite die Taschenaußenseite wird: Den Tunnelzug auf der Seite einschieben, die die Außenseite werden soll (hier z. B. das Karo).

Klappe und Tunnelzug sowohl knappkantig als auch steppnadelfußbreit an das Taschenteil steppen. Die Wendenaht wird so ebenfalls geschlossen.

Taschenteil zusammenklappen (Außenseite liegt innen). Samtband als Verschluss mit einlegen, so dass es gleich mit eingesteppt wird: 7 cm von der oberen Kante, Samtseite zeigt in Richtung der Klappe.

Beide Seitennähte steppfußbreit mit kleinem Steppstich schließen. Die überstehenden Enden des Samtbandes umklappen und mit engem Zickzackstich an den Kanten der Tasche feststeppen. Abnäher für Boden steppen: Ecken am Boden der Tasche so umlegen, dass die Seitennaht entlang der Bodenmitte in Richtung Eckenspitze verläuft. Abnäher im rechten Winkel zur Seitennaht 1,5 cm von der Eckenspitze steppen (siehe Lehrgang S. 109). Tasche auf rechts wenden. Kordel einziehen und verknoten.

Anstelle des Samtbandes können Sie auch einen Klettverschluss anbringen. Auch ein Knopfverschluss eignet sich: Passenden Knopf aussuchen und an das Taschenteil nähen. Klappe statt mit Knopfloch mit einer Schlaufe aus schmalem Gummiband versehen, das bereits beim Zusammennähen der Klappe mit in die Naht eingenäht wird.

NICHT AUF SCHNITTMUSTERBOGEN:

1a	Außentasche	14 cm x 34 cm	1x Stoff A, Volumenvlies aufbügeln
1b	Innentasche	14 cm x 34 cm	1x Stoff B
2a	Taschenklappe	11 cm x 18 cm	1x Stoff A, mit Vlieseinlage verstärken
2b	Taschenklappe	11 cm x 18 cm	1x Stoff B
3	Tunnelzug Kordel	11 cm x 8 cm	1x Stoff B, mit Vlieseinlage verstärken
4	Volumenvlies	12 cm x 32 cm für Taschenteil A	
5	Vlieseinlage	9 cm x 16 cm für Klappenteil A	
		9 cm x 6 cm für Tunnelzug	

SCHNITTTEILE

SCHWIERIGKEITSGRAD
2

GRÖSSE
12 cm x 15 cm

MATERIAL
Stoff A (QTW1800-RED),
14 cm

Stoff B (QTW2200-BLUSH),
14 cm

Volumenvlies, einseitig
aufbügelbar, 12 cm

Vlieseinlage, 9 cm

Samtband, farblich passend,
1,5 cm breit, 14 cm

Kordel, farblich passend,
70 cm

Nähgarn Coats Cotton Nr. 50,
Weiß, Fb 2716

STILVOLL WOHNEN

54   Gemütliches Sitzkissen

56   Große Kissenrolle

58   Wundervolle Kissen

62   Dekorativer Tischläufer

64   Praktische Einkaufstasche

66   Set und Serviette

68   Gesteppte Blumenserviette

70   Tischset, Brotkorb und Glasuntersetzer

72   Modische Schürze

Gemütliches **Sitzkissen**

SCHWIERIGKEITSGRAD 2

GRÖSSE
Durchmesser 50 cm, Höhe 20 cm

MATERIAL
Stoff A (QAH2400-ZINNI), 55 x 55 cm

Stoff B (QAH2600-CHOCO), 55 x 55 cm

Oder wahlweise nur einen dieser Stoffe,
0,55 m (Ober- und Unterseite gleich)

Stoff C (QVM1600-GRAPE), 0,50 m

Vlieseinlage 220 zum Verstärken aller
Schnitteile

Reißverschluss, 60 cm, Opti S40, Natur,
Fb 0089

Nähgarn Coats Cotton Nr. 50, Rot, Fb 7810

Für die Füllung:
Styroporgranulat (Rayher, 3-5 mm),
0,9-1,0 kg, entspricht ca. 45-50 Litern

leichter Baumwollstoff für das Füllkissen

NAHT- UND SAUMZUGABEN
An allen Nähten und Kanten 1,0 cm (bereits in
den oberen Maßen enthalten)

NÄHANLEITUNG
Alle Teile gemäß der Angaben zuschneiden, mit
Vlieseinlage verstärken und rundum mit Zick-
zackstich versäubern.

Beide Seitenteile 2 rechts auf rechts aufeinanderlegen. An einer langen Seite heften und zusammensteppen. Hierbei die Naht nach 10,5 cm mit
3-4 Rückstichen sichern (Riegel steppen). Auf
größere Stichlänge (z. B. 4 mm) stellen und weiter
steppen. Nach 60 cm (10,5 cm vor Schnittkante)
Stichlänge wieder zurückstellen und einen zweiten Riegel fertigen. Naht mit normaler Stichlänge
fertig steppen. Nahtzugabe von links auseinanderbügeln.
Den Reißverschluss mit der Rückseite nach oben
auf die aufgebügelte Naht legen und von Hand
festheften. Die Naht zwischen den beiden Riegeln
auftrennen. Den Reißverschluss von rechts mit
dem Reißverschlussfüßchen 0,7 cm zur Nahtkante
einnähen. Heftfaden entfernen.

Seitenteile (1+2) zu einem Ring zusammensteppen: Die kurzen Kanten rechts auf rechts aufeinanderlegen, beide Nähte heften und steppen.
Nahtzugaben auseinanderbügeln.

Seitenteil rechts auf rechts an das Oberteil heften und feststeppen.
Das Feststeppen gelingt am Besten, wenn das
Oberteil mit der linken Seite unten glatt auf dem
Tisch liegt und das Seitenteil rechts auf rechts
darüber. So hat man den besten Einfluss darauf,
dass die Teile beim Steppen glatt zusammen
kommen. Nahtzugaben auseinanderbügeln.
Reißverschluss ein Stück öffnen und die andere
Seite genauso an das Unterteil steppen. Kissen
auf rechts wenden.

Nähanleitung Innenkissen mit Styroporgranulat:
siehe Lehrgang S. 111.

NICHT AUF SCHNITTMUSTERBOGEN:

1	Ober- und Unterteil	Kreis mit Durchmesser 52 cm	1x Stoff A
		komplett mit Vlieseinlage verstärken	1x Stoff B
2	Seitenteil 1	22 cm x 80,5 cm	1x Stoff C
		komplett mit Vlieseinlage verstärken	
3	Seitenteil 2	12 cm x 80,5 cm	2x Stoff C
		komplett mit Vlieseinlage verstärken	
4	Vlieseinlage	alle Teile inkl. Nahtzugaben verstärken	

Kochen mit
Sarah Wiener

Große **Kissenrolle**

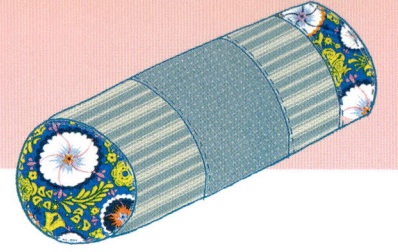

SCHWIERIGKEITSGRAD 2

GRÖSSE
Länge 80 cm, Durchmesser 25 cm

MATERIAL
Stoff A (QTW1800-RED), 0,85 m

Stoff B (QAH2400-ZINNI), 0,30 m

Vlieseinlage 220 zum Verstärken aller Schnittteile

Vliesofix für Blumenapplikationen

Reißverschluß, 60 cm, Opti S40, Dunkelrot, Fb 0752

Nähgarn Coats Cotton Nr. 50, Natur, Fb 1418

Für die Füllung:
Styroporgranulat (Rayher, 3-5 mm), 0,7-0,8 kg, entspricht ca. 35 Litern

leichter Baumwollstoff für das Füllkissen

NAHT- UND SAUMZUGABEN
An allen Nähten und Kanten 1,0 cm (bereits in den oberen Maßen enthalten)

NÄHANLEITUNG
Alle Teile gemäß der Angaben zuschneiden, mit Vlieseinlage verstärken und rundum mit Zickzackstich versäubern.
Aus dem Rest von Stoff A fünf Blumen auswählen. Zunächst einmal großzügig ausschneiden und Vliesofix aufbügeln. Blumenmotive rund ausschneiden und beliebig auf dem Mittelteil anordnen. Hier beträgt der Abstand zur unteren (82 cm langen) Stoffkante 28 cm und der Abstand zwischen den Blumen ca. 5 cm.

UMSTEPPEN DER BLUMEN UND AUFSTEPPEN DER STIELE
Die Stiele auf dem Stoff markieren: von der unteren Kante im Fadenlauf bis zu den Blumen. Stärkere Nähnadel (90 – 100) wählen und als Oberfaden das naturfarbene Ziergarn einwechseln. Sticheinstellung auf Stoffrest überprüfen, Stichlänge ca. 3,5 mm. Eventuell Oberfadenspannung etwas lockern und zuerst den Stiel

einmal steppen, dann zweimal um die Blütenform steppen. Nähnadel und Garn wieder umwechseln.

Obere und untere Kante (82 cm) des Mittelteils rechts auf rechts zusammenheften und zusammenstepppen. Hierbei die Naht nach 11 cm mit 3-4 Rückstichen sichern (Riegel steppen). Auf größere Stichlänge (z. B. 4 mm) stellen und weiter steppen. Nach 60 cm (11 cm vor Schnittkante) Stichlänge wieder zurückstellen und einen zweiten Riegel fertigen. Naht mit normaler Stichlänge fertig steppen. Nahtzugabe von links auseinanderbügeln.
Den Reißverschluss mit der Rückseite nach oben auf die aufgebügelte Naht legen und von Hand festheften. Die Naht zwischen den beiden Riegeln auftrennen. Den Reißverschluss von rechts mit dem Reißverschlussfüßchen 0,7 cm zur Nahtkante einnähen. Heftfaden entfernen, Reißverschluss öffnen.

Mittelteil auf links wenden und rechts auf rechts an die Seitenteile heften und feststeppen. Das Feststeppen gelingt am besten, wenn der Kreis mit der linken Seite unten glatt auf dem Tisch liegt und das Seitenteil darüber. So hat man den besten Einfluss darauf, dass die Teile beim Steppen glatt zusammen kommen.
Nahtzugaben auseinanderbügeln. Kissen auf rechts wenden.

Nähanleitung Innenkissen mit Styroporgranulat: siehe Lehrgang S. 111.

SCHNITTTEILE	**NICHT AUF SCHNITTMUSTERBOGEN:**		
1	Mittelteil	80,5 cm x 82 cm	1x Stoff A
		komplett mit Vlieseinlage verstärken	
2	Seitenteil	Kreis mit Durchmesser 27 cm	2x Stoff B
		komplett mit Vlieseinlage verstärken	
3	Vlieseinlage	alle Teile inkl. Nahtzugaben verstärken	

Wundervolle **Kissen**

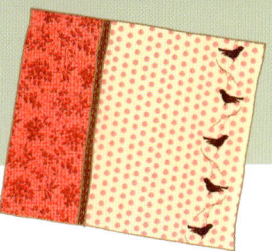

SCHWIERIGKEITSGRAD 1

GRÖSSE
50 cm x 50 cm bzw.
35 cm x 70 cm

MATERIAL
zwei Stoffstücke 52 x 52 cm

Nähgarn Coats Cotton Nr. 50,
farblich passend

Reißverschluß, 40 cm, Opti S40,
farblich passend

KISSEN 1
QAH2400-ZINNI, QTW 1800-PINK
(Rückseite)

KISSEN 2
QVM1800-MILK, 30 kleine Stoffreste,
5 x 3 cm groß

KISSEN 3
QVM1700-GRAPE, 9 Kreise mit 10 cm
Durchmesser

beidseitig aufbügelbare Vlieseinlage

Ziergarn Coats Creative Nr. 16, Natur, Fb 1418

KISSEN 4
Stoff A (QTW1900-BLUE)

Stoff B (QTW2200-BLUE)

Stoff C (QTW1800-RED)

Stoff D (QTW1800-BLUE) (Rückseite)

Kissenhüllen sind besonders leicht zu nähen und lassen viel Raum für kreatives Gestalten. Sie sind einfach ausgetauscht, und jeder Wohnraum bekommt damit auf die Schnelle ein ganz neues Gesicht.

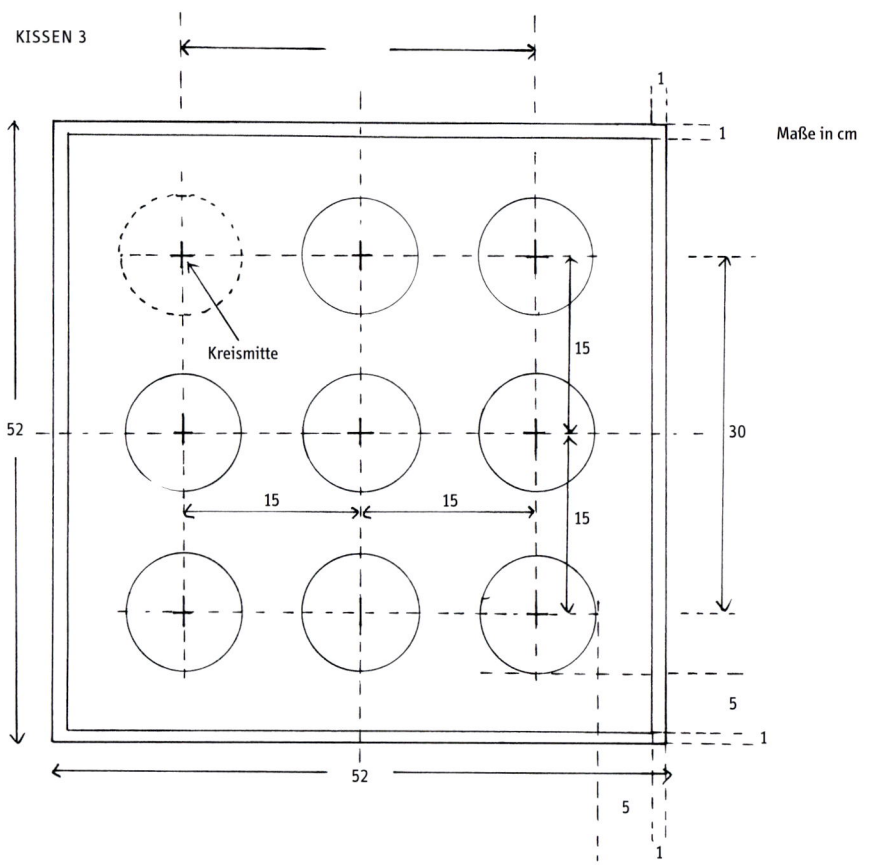

KISSEN 3

52

52

Maße in cm

Kreismitte

15

15

15

15

30

5

1

1

1

5

1

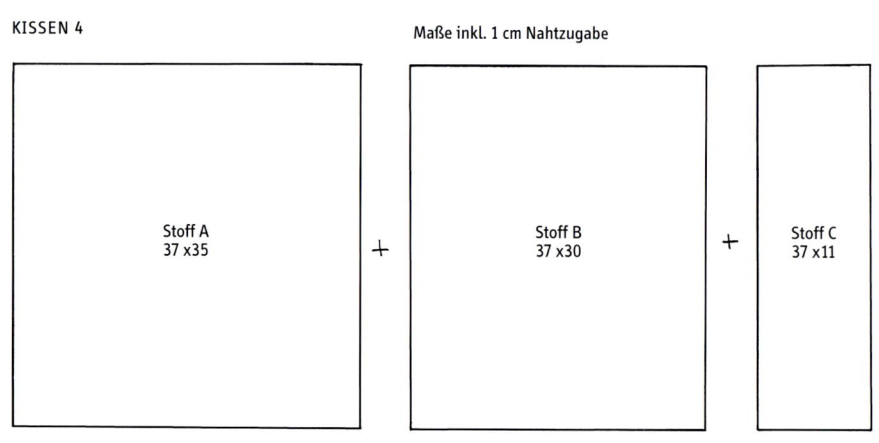

KISSEN 4

Maße inkl. 1 cm Nahtzugabe

Stoff A
37 x35

+

Stoff B
37 x30

+

Stoff C
37 x11

NÄHANLEITUNG
SCHRITT 1

Applikationen (wie bei Kissen 3) immer vor dem Zusammennähen der zwei Kissenteile aufbringen.

Position der Motive abmessen und auf der vorderen Kissenhälfte markieren.

Motive mit Hilfe von beidseitig klebender Vlieseinlage aufbügeln. Motive entweder klassisch mit engem Zickzackstich an der Kante aufnähen oder freier mit dickerem Ziergarn und Steppstich arbeiten. Genauere Beschreibung siehe z. B. Erdbeerapplikationen Mädchenkleid oder Erdbeertasche S. 40.

Nur mit einer Mittelnaht **aufgesteppte Motive** (wie bei Kissen 2) sollten nicht zu groß ausfallen, da sie sonst keinen Stand haben. Das leichte Ausfransen der offenen Schnittkanten ist beabsichtigt und bleibt bei nicht zu übermäßiger Belastung auch schön und dekorativ. Zu lange Fäden am Anfang einfach abziehen.

Sollte das Kissen stärkeren Ansprüchen genügen und öfter gewaschen werden, sollten vor dem Zuschneiden der kleinen Rechtecke leichte, farblich passende Vlieseinlage aufgebügelt werden. Darauf achten, dass diese sich wirklich gut mit dem Stoff verbindet. Dann wird ein zu starkes Ausfransen verhindert.

Aus verschiedenen Stoffen **zusammengesetzte Kissen** (wie bei Kissen 4): Stoffstücke mit 1 cm Nahtzugaben zuschneiden, mit Zickzackstich versäubern und rechts auf rechts zusammensteppen. Nahtzugaben auseinanderbügeln und je nach gewünschter Optik von rechts absteppen.

Zierbänder (Kissenbreite oder -höhe + Nahtzugabe) ebenfalls vor dem Zusammensteppen der zwei Kissenhälften aufsteppen, so werden die Enden der Bänder später sauber in die Naht mit eingesteppt.

SCHRITT 2

Wenn Kissenteile fertig verziert oder zusammengesetzt sind, zunächst alle Schnittkanten mit Zickzackstich versäubern. Dann die beiden Stoffstücke rechts auf rechts legen und an einer Seite (untere Kante, Reißverschlusskante) zusammenheften. Hierbei die Naht nach 6 cm mit 3-4 Rückstichen sichern (Riegel steppen). Auf größere Stichlänge (z. B. 4 mm) stellen und weiter steppen. Nach 40 cm (6 cm vor Schnittkante) Stichlänge wieder zurückstellen und einen zweiten Riegel fertigen. Naht mit normaler Stichlänge fertig steppen. Nahtzugabe von links auseinanderbügeln.

Den Reißverschluss mit der Rückseite nach oben auf die aufgebügelte Naht legen und von Hand festheften. Die Naht zwischen den beiden Riegeln auftrennen. Den Reißverschluss von rechts mit dem Reißverschlussfüßchen 0,7 cm zur Nahtkante einnähen.

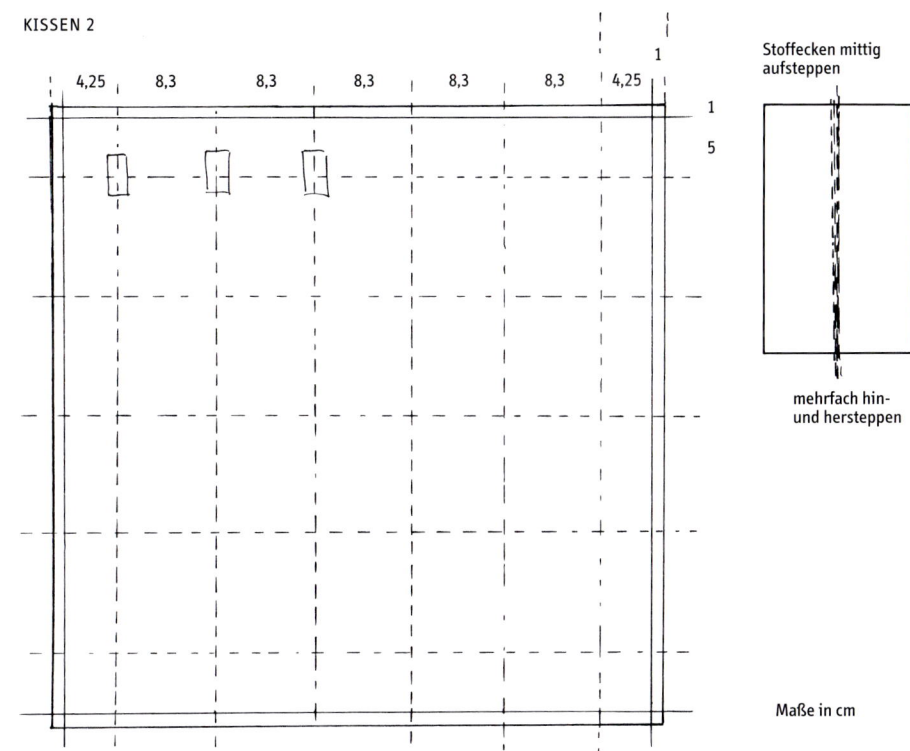

KISSEN 2

4,25   8,3   8,3   8,3   8,3   8,3   4,25

1

1

5

Stoffecken mittig aufsteppen

mehrfach hin- und hersteppen

Maße in cm

Heftfaden entfernen, Reißverschluss ca. 10 cm offen lassen und die restlichen Seiten ringsum zusammensteppen. Nahtzugaben auseinanderbügeln und Kissen auf rechts wenden.

Dekorativer **Tischläufer**

SCHWIERIGKEITSGRAD 1

GRÖSSE
45 cm x 150 cm

MATERIAL
Stoff A (QTW1900-BLUE), 1,55 m
(reicht für zwei Stück)

Nähgarn Coats Cotton Nr. 50, Weiß, Fb 2716

ZUSCHNITT
Bei großem Muster auf symmetrisch oder mittig verlaufende Motive achten.

NAHTZUGABEN
An allen Schnittkanten 3,0 cm.

NÄHANLEITUNG
Tischläufer gemäß der Angaben zuschneiden. Die langen Kanten doppelt einschlagen (je 1,5 cm), bügeln und heften. Knappkantig absteppen. Die kurzen Kanten doppelt einschlagen, bügeln und heften. Gut darauf achten, dass die Kanten seitlich nicht überstehen. Ebenfalls knappkantig feststeppen.

Nähen Sie einen Tischläufer zum Wenden – einfach zwei verschiedene Stoffe mit 1,5 cm Nahtzugabe zuschneiden, rechts auf rechts zusammensteppen, 10 cm Wendeöffnung lassen. Nahtzugaben auseinanderbügeln, wenden, Öffnung von Hand schließen. Kantenumbrüche sauber bügeln und heften. 1,5 cm zur Kante rundum steppen. Wenn sie zwei gleiche Wendeläufer nähen (Stoffverbrauch pro Stoff 1,55 m), haben sie wenig Verschnitt und viele Möglichkeiten, Ihren Tisch zu decken.

Praktische **Einkaufstasche**

SCHWIERIGKEITSGRAD 2

GRÖSSE
45 cm x 40 cm x 12 cm
(Höhe x Breite x Tiefe)

MATERIAL
Stoff A (QAH2600-CHOCO), 0,75 m
Stoff B (QVM1600-GRAPE), 0,85 m
Nähgarn Coats Cotton Nr. 50, Rosa, Fb 2511

**SCHNITTMUSTERBOGEN B
(SCHWARZ)**

Setzen Sie die Schnittteile Tasche – Seitenteil – Tasche – Seitenteil direkt ohne Nahtzugabe aneinander (an der Kante ganz links und ganz rechts müssen natürlich 1 cm Nahtzugabe zugegeben werden) und schneiden Sie die Tasche über die gesamte Stoffbreite zu. Alle Kanten der Teile gut mit Kreide oder Bügelfalte markieren!
So müssen Sie nur eine Naht schließen, haben kaum Verschnitt und haben zudem den schönen Effekt, dass das Stoffmuster die Tasche unbeschnitten „umrundet". Der oben angegebene Stoffverbrauch ist für diese Methode berechnet.

NAHT- UND SAUMZUGABEN
An allen Nähten und Kanten 1,0 cm

NÄHANLEITUNG
Alle Teile gemäß Schnittmuster und der Angabe zuschneiden.
Alle Teile rundum mit Zickzackstich versäubern. Seitennaht Außentasche rechts auf rechts heften und zusammensteppen. Nahtzugaben auseinanderbügeln. Alle vier Kanten von rechts bügeln und knappkantig von rechts absteppen.
Boden Außentasche rechts auf rechts an Taschen-

korpus festheften. Erst die langen Kanten, dann die kurzen Kanten feststeppen. Nahtzugaben auseinanderbügeln und Boden rundum knappkantig von rechts absteppen.
Mit den Teilen Stoff B für die Innentasche ebenso verfahren.

Taschenteil B rechts auf rechts in Taschenteil A ziehen. Die Seitennähte treffen aufeinander. Außentasche A an Innentasche B steppen, dabei eine Wendeöffnung von 10 cm offen lassen. Tasche auf rechts wenden und bügeln. Wendeöffnung heften.

Oberkante Tasche am eingezeichneten Umbruch 3,5 cm nach innen umschlagen und knappkantig festnähen: es entsteht ein Tunnelzug für die Henkel und die Wendeöffnung wird geschlossen.

Henkel: Nahtzugaben der langen Seiten auf links bügeln. Henkel der Länge nach mittig falten, bügeln und heften, Nahtzugaben nach innen eingeschlagen. Knappkantig von rechts absteppen, sodass ein 3 cm breites Band entsteht. Henkelband in Tunnelzug einziehen und 1 cm überlappend zusammensteppen. Henkelband so einziehen, dass Naht nicht zu sehen ist, dann von rechts im Nahtschatten der Seitennähte feststeppen.

Diese Tasche hat keine Einlage oder Verstärkung, lässt sich daher sehr klein zusammen falten und trägt im Bedarfsfall sehr viele Einkäufe.
Wenn Sie eine Tasche bevorzugen, die so viel Stand hat, dass sie von selbst steht, dann verstärken Sie alle Schnitteile mit kräftiger Vlieseinlage und legen Sie einen Boden aus fester Pappe oder Kunststoff ein.

SCHNITTTEILE			
1	Tasche	2x Stoff A (für Außentasche)
		2x Stoff B (für Innentasche)
2	Seitenteil	2x Stoff A (für Außentasche)
		2x Stoff B (für Innentasche)
3	Boden	1x Stoff A (für Außentasche)
		1x Stoff B (für Innentasche)
	NICHT AUF SCHNITTMUSTERBOGEN:		
4	Henkel	1x Stoff B (Zuschnitt 8 cm x 107 cm, Nahtzugabe 1 cm im Maß enthalten)

Set und Serviette

GRÖSSE
Tischset 35 cm Durchmesser
Pilzserviette 45 cm x 45 cm

MATERIAL
TISCHSET
Stoff A (QTW1800-BLUE), 38 cm

Stoff B (QVM1700-GRAPE), 38 cm

Vlieseinlage, 38 cm x 38 cm

Vliesofix für Applikation

Nähgarn Coats Cotton Nr. 50, Weiß, Fb 2716

Ziergarn Coats Creative, Natur, Fb 1418

PILZSERVIETTE
Stoff A (QTW1800-BLUE), 48 cm x 48 cm
(Nahtzugabe 1,5 cm in Maß enthalten)

Stoff B (QVM1700-GRAPE), kleiner Rest
für Pilzapplikation Hut

Stoff C (QVM1800-MILK), kleiner Rest
für Pilzapplikation Stiel

Vliesofix für Applikation

Häkelspitze, 182 cm

Nähgarn Coats Cotton Nr. 50, Weiß, Fb 2716

Ziergarn Coats Creative, Natur, Fb 1418

SCHNITTMUSTERBOGEN A (TÜRKIS)

Tischset mit Herzmotiv

ZUSCHNITT

Alle Teile gemäß der Angaben zuschneiden.
Nahtzugabe 1 cm ist im Maß enthalten. Beide
Stoffseiten mit Vlieseinlage verstärken, Naht-
zugaben aussparen.

NÄHANLEITUNG

Herzmotiv vom Schnittbogen auf Stoff B übertragen und mit Hilfe von Vliesofix in die Mitte
von Stoffkreis A bügeln.
Kreise rechts auf rechts legen, heften und zusammensteppen, dabei eine Wendeöffnung von
8 cm lassen. Nahtzugaben auseinanderbügeln,
Set auf rechts wenden. Kantenumbrüche sauber
aufeinanderbügeln, Wendeöffnung zusammenheften. Knappkantig und 1 cm von der Kante
rundum steppen, die Wendeöffnung wird dabei
geschlossen.

Konturen des Herzens mit der Maschine umsteppen: Stärkere Nähnadel (90-100) einsetzen und
als Ober- und Unterfaden das Ziergarn einwechseln. Sticheinstellung auf Stoffrest überprüfen,
Stichlänge ca. 3,5 mm. Eventuell Oberfadenspannung etwas lockern. Konturen des Herzens einige
Male „lässig" mit dem weißen Ziergarn nachsteppen. Nähnadel und Garn wieder umwechseln.

NICHT AUF SCHNITTMUSTERBOGEN:

SCHNITTTEILE			
1	Oberseite	1x Stoff A (Zuschnitt Kreis, ø 38 cm)
2	Wendeseite	1x Stoff B (Zuschnitt Kreis, ø 38 cm)

Pilzserviette

ZUSCHNITT

Zuschnitt Serviette wie angegeben. Nahtzugaben
rundum doppelt einschlagen, bügeln und heften.
Häkelspitze unter die Kante heften, ca. 1 cm über-
lappen lassen.

NÄHANLEITUNG

Kante von rechts (einfach oder doppelt) steppen,
die Spitze wird mit festgesteppt.

Pilzmotiv vom Schnittbogen auf Stoff B und C
übertragen. Zuerst den Stiel, dann den Hut mit
Hilfe von Vliesofix in eine Ecke der Serviette
bügeln.

Konturen des Pilzes mit der Maschine umsteppen: Stärkere Nähnadel (90-100) einsetzen und
als Oberfaden das Ziergarn verwenden. Sticheinstellung auf Stoffrest überprüfen, Stichlänge
ca. 3,5 mm. Eventuell Oberfadenspannung etwas
lockern. Kontur des Pilzes ein bis zwei Mal
„lässig" mit dem weißen Ziergarn nachsteppen.

Gesteppte **Blumenserviette**

SCHWIERIGKEITSGRAD 1

GRÖSSE
45 cm x 45 cm

MATERIAL
Stoff A (QTW1800-PINK), 49 cm x 49 cm
(Nahtzugabe 2 cm in Maß enthalten)

Nähgarn Coats Cotton Nr. 50, Weiß, Fb 2716

Ziergarn Coats Creative, Natur, Fb 1418 und
Rot, Fb 7810

SCHNITTMUSTERBOGEN A (BRAUN)

ZUSCHNITT
Zuschnitt Serviette wie oben angegeben.

NÄHANLEITUNG
Zwei gegenüberliegende Kanten je 1,0 cm doppelt einschlagen, bügeln und heften. Knappkantig absteppen. Die anderen beiden Kanten
doppelt einschlagen, bügeln und heften. Gut
darauf achten, dass die Kanten seitlich nicht
überstehen. Ebenfalls knappkantig feststeppen.

STICKMOTIV AUFSTEPPEN
Konturen für das rote Ziergarn vom Schnittbogen
auf eine Ecke der Serviette übertragen – Position
der Blumenmitte 7 cm von beiden Kanten entfernt. Stärkere Nähnadel (90-100) einsetzen und
als Oberfaden das rote Ziergarn einwechseln.
Sticheinstellung auf Stoffrest überprüfen, Stichlänge ca. 3,5 mm. Eventuell Oberfadenspannung
etwas lockern. Konturen der Blume zwei Mal „lässig" mit dem roten Ziergarn nachsteppen.
Konturen für das weiße Ziergarn auf die Serviette
übertragen.
Naturfarbenen Zierfaden einwechseln und Kontur
etwas versetzt ebenfalls 1-2 Mal nachsteppen.

Tischset, Brotkorb und Glasuntersetzer

SCHWIERIGKEITSGRAD 1

GRÖSSE
Brotkorb 16 x 18 cm, Höhe 6 cm
Tischset 35 x 45 cm
Glasuntersetzer 12 cm Durchmesser

MATERIAL
BROTKORB
Stoff A (QVM1300-MILK), 40 cm x 42 cm

Filzware, 0,5-0,7 cm dick, 28 cm x 30 cm

Nähgarn Coats Cotton Nr. 50, Natur, Fb 1418

TISCHSET UND GLASUNTERSETZER
Stoff A (QVM1800-GERAN), 19 cm x 19 cm,
mit Vlieseinlage verstärken

Vlieseinlage, 19 cm x 19 cm

Filzware, 0,5-0,7 cm dick, 35 cm x 45 cm und
Kreis mit 12 cm Durchmesser

Nähgarn Coats Cotton Nr. 50, Natur, Fb 1418

SCHNITTMUSTERBOGEN
B (LILA) + A (TÜRKIS)

Brotkorb

ZUSCHNITT
Zuschnitt der Teile wie angegeben.

NÄHANLEITUNG
Die Seiten des Filzkorbes am Umbruch nach oben klappen (rechte Filzseite innen), die Seitennähte treffen aufeinander. Seitennähte mit engem Zickzackstich zusammensteppen, von der Oberkante Richtung Boden. Korb wenden.

Die Seiten des Innenkorbes am Umbruch nach oben klappen (rechte Stoffseite innen), die Seitennähte treffen aufeinander. Seitennähte heften und zusammensteppen, von der Oberkante Richtung Boden. Nähte zusammen mit Zickzackstich versäubern. Oberkante 2 cm auf links umbügeln, 1 cm einschlagen und knappkantig feststeppen.
Innenkorb in Filzkorb stülpen, Oberkante 3 cm über Filzrand umschlagen.

SCHNITT-TEILE			
1	Filzkorb	1x Filz (ohne Nahtzugaben)	
2	Innenkorb	1x Stoff , gleicher Schnitt, hier jedoch an den Oberkanten	
		5 cm anschneiden (3 cm Umschlag + 2 cm Nahtzugabe),	
		an den Seitennähten mit 1 cm Nahtzugabe zuschneiden	

Tischset und Glasuntersetzer

ZUSCHNITT
Zuschnitt der Filzteile wie angegeben.

NÄHANLEITUNG
Herzmotiv vom Schnittbogen mittig auf Stoff A übertragen und ausschneiden. Kleines Herzmotiv vom Schnittbogen auf ausgeschnittenes großes Herz übertragen und ausschneiden.
Motive mittig auf Filzset und Untersetzer heften und mit engem Zickzackstich applizieren.

Statt die Motive zu heften, können sie auch einfach mit einem Fixiermarkierer (z. B. von Prym) aufgeklebt werden. Der Kleber ist auswaschbar und wird nach dem Trocknen transparent.

Modische Schürze

NAHT- UND SAUMZUGABEN

Seitennähte Schürzenteil 2,0 cm
An allen weiteren Nähten und Kanten 1,0 cm

NÄHANLEITUNG

Alle Teile gemäß der Angaben zuschneiden. Seitenlinien der Falten markieren.
Schürzenteil (rechte Stoffseite innen) so falten, dass die Faltenlinien zusammentreffen. Faltenlinien wie im Schnitt verzeichnet auf 10 cm Länge bügeln. Faltentiefen ca. 5 cm heften, nach außen bügeln und durch Übersteppen innerhalb der Nahtzugaben fixieren.
Seitennähte Schürzenteil 2 cm auf links umbügeln, 1 cm einschlagen und heften. Knappkantig steppen.
Saumblendenteile rechts auf rechts legen und heften. Seiten und untere Kante steppen. Nahtzugaben an den Ecken schräg zurückschneiden und auseinanderbügeln. Blende auf rechts wenden, obere Nahtzugaben 1 cm nach innen einschlagen und bügeln.

Unterkante Schürze (Blendenansatz) passgenau in die offene Oberkante der Blende mit den eingeschlagenen Nahtzugaben heften, die Seitennähte treffen aufeinander.
Die Blende von rechts knappkantig steppen. Darauf achten, dass die Blendenkante rückseitig ebenfalls mitgefasst wird.

Besatzteile rechts auf rechts legen, obere Kante heften und steppen. Nahtzugaben auseinanderbügeln, seitliche Nahtzugaben auf links umbügeln und heften. Vordere Besatzunterkante rechts auf rechts auf Schürzenteil heften, die Nahtzugaben bleiben eingeklappt. Besatz an Schürzenteil feststeppen. Besatz nach oben klappen, Nahtzugaben in den Besatz bügeln. Nahtzugaben am rückwärtigen Besatz einschlagen. Rückwärtigen

Besatz so festheften, dass er von rechts im Nahtschatten knappkantig festgesteppt werden kann.

Bindebänder der Länge nach mittig links auf links falten und zusammensteppen, dabei eine kurze Seite als Wendeöffnung lassen. Nahtzugaben auseinanderbügeln, Band auf rechts wenden. Die Ecken mit Hilfe einer stumpfen Nadel oder eines Stiftes ausformen. Nochmals von rechts bügeln, um eine saubere Umbruchkante zu bekommen.
Bänder mit den offenen Seiten 2,5 cm in die offenen Besatzseiten stecken und festheften. Beide Bänder von rechts im Besatz knappkantig feststeppen. Dabei die noch offenen Besatzseiten schließen. Ein Rechteck auf den Bandansatz steppen, um die Bänder gut zu verankern.

SCHNITTTEILE			
	1	Schürzenteil	1x im Stoffbruch Stoff A
	2	Saumblende	2x im Stoffbruch Stoff B
	3	Besatz	2x im Stoffbruch Stoff B
	NICHT AUF SCHNITTMUSTERBOGEN:		
	4	Bindebänder	2x Stoff B (Zuschnitt 10,5 cm x 112 cm, Nahtzugabe 1 cm im Maß enthalten)

SCHWIERIGKEITSGRAD
2

GRÖSSE
Einheitsgröße

MATERIAL
Stoff A (QVM1600-GRAPE),
0,80 m

Stoff B (QVM1500-GRAPE),
0,40 m

Nähgarn Coats Cotton Nr. 50,
Rosa, Fb 2511

**SCHNITTMUSTERBOGEN
B (PINK)**

SÜSSE TRÄUME

76   **Prächtige Patchworkdecke**

79   **Utensilo im Mustermix**

82   **Bettwäsche für Mädchen**

84   **Kinderbettwäsche mit Delphin**

86   **Traumhafte Bettwäsche**

88   **Zartes Beutelchen**

90   **Wellnesshose für Damen**

92   **Wellnesshosen für Kids**

98   **Wellnesshose für Herren**

Prächtige **Patchworkdecke**

SCHWIERIGKEITSGRAD 3

GRÖSSE
200 cm x 150 cm

MATERIAL
Stoff A (QTW1800-RED), 102 cm x 172 cm
(quer verarbeiten)

Stoff B (QTW2100-AQUA), 102 cm x 172 cm
(quer verarbeiten), 32 cm x 32 cm, 2x,
Gesamtverbrauch 210 cm

Stoff C (QVM1600-RAIN), 62 cm x 132 cm
(quer verarbeiten), 12 cm x 132 cm, 2x,
Gesamtverbrauch 140 cm (aus oberem Rest
schneiden. Wenn die Streifen wie auf dem
Foto vertikal verlaufen sollen, müssen sie aus
jeweils 3-4 12 cm hohen Streifen so zusammengesetzt werden, dass das Muster an den
Nahtübergängen weiterläuft)

Stoff D (QVM1800-GERAN), 32 cm x 52 cm,
4x, Gesamtverbrauch 70 cm

Stoff E (QTW1800-PINK), 32 cm x 72 cm,
2x, Gesamtverbrauch 70 cm

Stoff F (QVM1800-RAIN),
32 cm x 22 cm, 4x, Gesamtverbrauch 35 cm

Stoff G (QVM1300-MILK), 32 cm x 12 cm,
4x, Gesamtverbrauch 24 cm

Volumenvlies, 200 cm x 150 cm

Nähgarn Coats Cotton Nr. 50, Weiß, Fb 2716

SCHEMAZEICHNUNG SEITE 78

NAHTZUGABEN

Alle Maße sind in cm (Höhe x Breite) und mit
Nahtzugabe 1 cm angegeben.

NÄHANLEITUNG

Alle Teile gemäß der Angaben zuschneiden.
Rückseite fertigen: Die zwei großen Stoffstücke
Stoff A und Stoff B aufeinanderlegen, an einer
172 cm langen Seite heften und zusammensteppen. Nahtzugaben auseinanderbügeln. Die langen (202 cm) Seiten 11 cm auf links umbügeln,
dann ist es später einfacher, sie auf die Oberseite
umzulegen.

OBERSEITE

Um den Überblick zu behalten, geht man am
besten so vor, die quer in einer Reihe verlaufenden Teile jeweils in kleinen Stapeln zusammen-
zulegen. Die längs verlaufenden 10 cm breiten
Seitenstreifen der Oberseite brauchen nicht
beachtet werden, da sie, wie oben beschrieben
zunächst einmal Bestandteil der Rückseite sind.
Zunächst die Querbahnen der Decke zusammensteppen. Gemäß Detailzeichnung rechts auf
rechts heften und Längsnähte Naht für Naht
zusammensteppen. Nahtzugaben auseinanderbügeln.
Die fertigen Querbahnen der Oberseite sind
130 cm breit (mit Nahtzugaben 132 cm).
Dann eine Querbahn nach der anderen gemäß
Zeichnung rechts auf rechts legen, heften und
zusammensteppen. Nahtzugaben auseinanderbügeln.

Die langen Seiten von Oberseite und Rückseite
rechts auf rechts zusammenlegen, heften und
an beiden Seiten zusammensteppen. Decke auf
links gewendet lassen und mit Hilfe der Bügelfalten am Rückteil glatt aufeinander ziehen.
Die 10 cm breiten Seitenstreifen liegen nun auf
der Oberseite, Ober- und Rückseite liegen glatt
aufeinander.
Volumenvlies passgenau auflegen und mit Stecknadeln oder Heftfaden fixieren. Kurze Seiten
inklusive Volumenvlies aufeinanderheften. Eine
kurze Seite komplett steppen (Volumenvlies
wird mit festgesteppt), an der anderen Seite eine
Wendeöffnung von ca. 30 cm lassen.
Stecknadeln und Heftfaden entfernen, Decke
auf rechts wenden. Umbruchkanten bügeln.
Volumenvlies erneut passgenau von rechts entlang der langen Seiten fixieren. Wendeöffnung
von Hand schließen.
Decke von rechts im Nahtschatten 10 cm vom
Rand steppen, das Vlies wird dabei mit festgesteppt. Heftfäden entfernen.

Sie können nun noch ganz nach Geschmack
beliebige weitere Nähte steppen, oder z. B.
Applikationen in die großen, ruhig gemuster-
ten Felder setzen.
Oder Sie sticken von Hand oder mit der
Maschine Motive auf (z. B. Blumenmotiv der
Damenhose in die roten Ecken). Diese sind
dann sehr dekorativ auch auf der Rückseite
sichtbar.
Als weitere Variationsmöglichkeit können
Sie die Felder der Zeichnung beliebig weiter
quer und längs unterteilen oder zusammenlegen.

Schemazeichnung Patchworkdecke

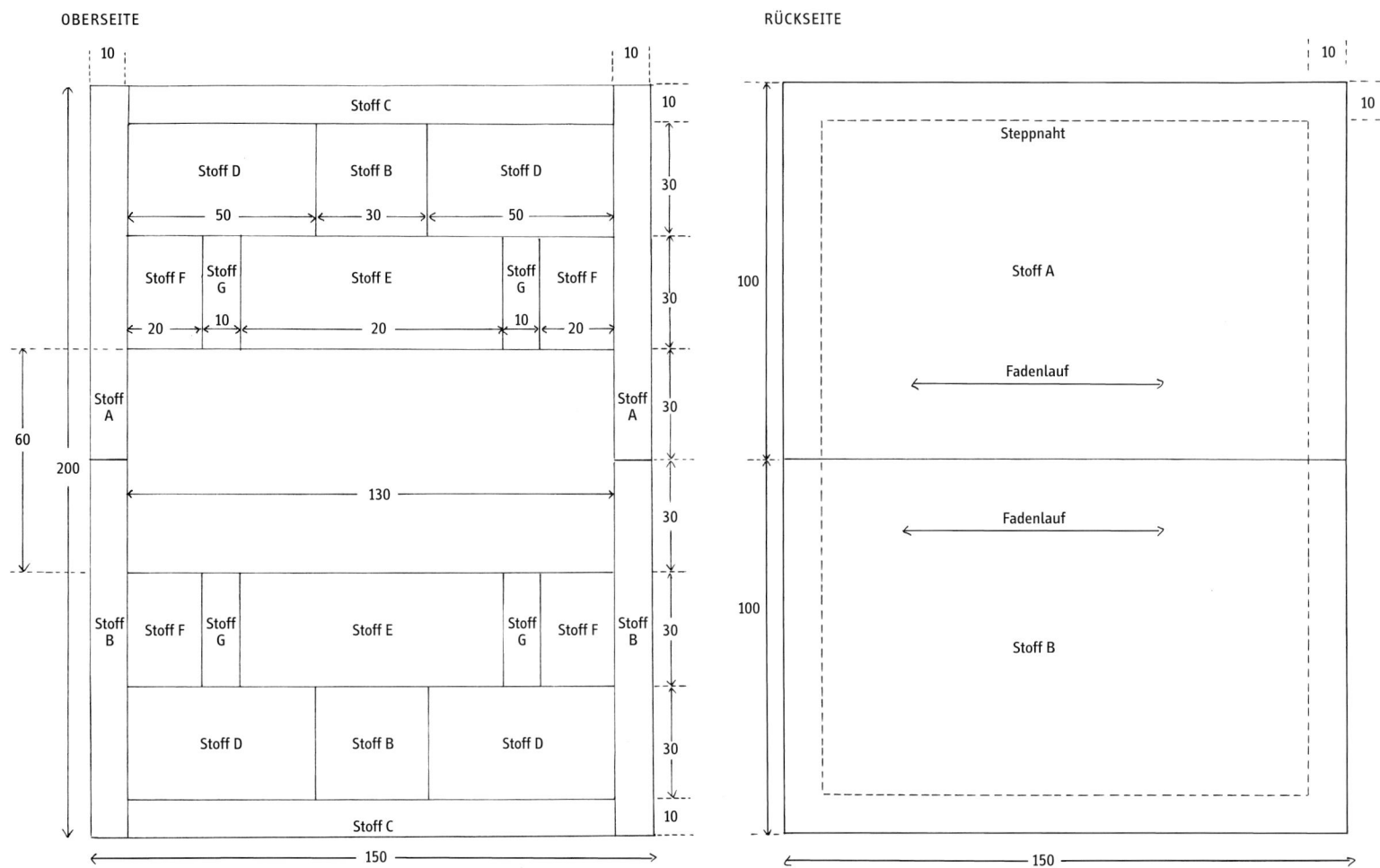

OBERSEITE

RÜCKSEITE

Maße in cm

Utensilo im Mustermix
Beschreibung Seite 80

Utensilo im Mustermix

SCHWIERIGKEITSGRAD 3

GRÖSSE
55 cm x 42 cm

MATERIAL
Stoff A (QTW1700-RED), 100 cm

Stoff B (QTW2200-BLUSH), 50 cm

Stoff C (QTW1800-RED), 25 cm

Volumenvlies, einseitig aufbügelbar, 45 cm

Vlieseinlage, 40 cm

Samtband, 1,5 cm breit, farblich passend, 70 cm

Nähgarn Coats Cotton Nr. 50, Weiß, Fb 2716

Gummiband 0,5 cm breit

großer Knopf, farblich passend

NAHTZUGABEN
Nahtzugaben 1 cm im Maß enthalten

NÄHANLEITUNG
Alle Teile gemäß der Angaben zuschneiden und wie angegeben mit Volumenvlies oder Vlieseinlage verstärken.
Achtung: Beim Zuschneiden der Teile aus Stoff A darauf achten, dass die Mitte der Teile auf dem gleichen Längsstreifen sitzt! Dann gehen die Streifen der Teile beim späteren Zusammensteppen genau ineinander über.
Außen- und Innenseite Utensilo rechts auf rechts zusammenheften und so zusammensteppen, dass die obere kurze Seite nur jeweils 2,5 cm von der Ecke aus geschlossen wird. Nahtzugaben auseinanderbügeln und Utensilo auf rechts wenden. Obere Nahtzugaben nach innen umbügeln.

Taschenteile für die große Tasche rechts auf rechts zusammenheften. Tasche an drei Seiten zusammensteppen, eine lange Seite bleibt offen. Nahtzugaben auseinanderbügeln. Wenden und bügeln. Untere offene Kante mit Zickzackstich zusammen versäubern.

Besatz der kleinen Tasche 2,5 cm nach innen falten, Nahtzugabe 1 cm einschlagen und von rechts knappkantig feststeppen. Die restlichen Nahtzugaben einschlagen, bügeln.
Kleine Tasche auf große Tasche heften: 1,2 cm von der unteren unverstürzten Kante der großen Tasche und jeweils 2 cm von den Seiten.
Kleine Tasche knappkantig feststeppen.
Größe der Taschenfächer für die kleine Tasche festlegen und Trennnähte steppen.

Bügelfalten große Tasche: Nahtzugabe an der Unterkante der großen Tasche auf links falten und bügeln. Rechte und linke Taschenseite 2 cm nach innen und 1 cm nach außen bügeln. Bügelfalten mit Stecknadeln fixieren.

Den unteren Teil des Utensilos, Umbruch 33 cm von der unteren Kante gemessen, nach oben klappen (Stoff B liegt innen) und feststecken.

Taschenelement mit eingeklappten und noch fixierten Bügelfalten mittig auf dem umgeklappten Teil des Utensilos platzieren.
Utensilo wieder aufklappen.

	NICHT AUF SCHNITTMUSTERBOGEN:		
1a	Außenseite Utensilo	92 cm x 47 cm	1x Stoff A, Volumenvlies aufbügeln
1b	Innenseite Utensilo	92 cm x 47 cm	1x Stoff B
2	Tasche, groß	25 cm x 42 cm	2x Stoff C, 1 Teil mit Vlieseinlage verstärken
3	Tasche, klein	18 cm x 38 cm	1x Stoff A, mit Vlieseinlage verstärken
4	Volumenvlies für Außenseite	90 cm x 45 cm	1x Stoff A
5	Vlieseinlage für große Tasche	23 cm x 40 cm	
	Vlieseinlage für kleine Tasche	16 cm x 36 cm	

SCHNITTTEILE

Seitennähte so festheften und knappkantig
feststeppen, dass die untere Kante des Taschen-
elementes im zweiten Schritt glatt und mit
übereinander liegenden Bügelfalten ebenfalls
knappkantig festgesteppt werden kann.

Utensilo wieder am Umbruch umklappen, dieses
Mal liegt Stoff A innen. Aufeinander liegende
Kanten heften und zusammensteppen. Utensilo
auf rechts wenden.

Drei gleich große Schlaufen aus Samtband falten,
fertige Schlaufen ca. 5 cm lang. In die offene
obere Kante des Utensilos stecken. Kante heften
und schmalkantig zusammensteppen.
Die überstehenden Zugaben am oberen Teil des
Utensilos in Richtung Mitte einschlagen und
schmalkantig feststeppen.
Kleine Schlaufen aus Samtband mit feinem
Zickzackstich in den Taschenmitten feststeppen.
Schlaufe aus Gummiband und dazu passenden
Knopf als Verschluß für die Utensilotasche an-
nähen.

Sie können das Utensilo auch zwischen Matrat-
ze und Bettteil klemmen, dann werden keine
Schlaufen als Aufhängung benötigt.
Je nach Situation können Sie auch einen Klettverschluss so an der Rückseite der oberen Kante anbringen, dass das Utensilo wie hier um
ein Stahlgestell herum befestigt werden kann.

Bettwäsche für Mädchen

GRÖSSE

Decke 130 cm x 95 cm
Kissen 40 cm x 60 cm mit Hotelverschlüssen
und Wendeseite

MATERIAL

Stoff A (QTW1800-PINK), 2,00 m

Stoff B (QVM1800-GERAN), 2,40 m

Stoff C (QVM1800-MILK), Rest für Erdbeer-
stiel

Vliesofix für Applikation

Nähgarn Coats Cotton Nr. 50, Weiß, Fb 2716

Ziergarn Coats Creative Nr. 16, Natur, Fb 1418

17 kleine Knöpfe in Naturweiß

**SCHNITTMUSTERBOGEN A
(WEINROT)**

NAHT- UND SAUMZUGABEN

An allen Nähte und Kanten 1,0 cm (bereits in
den Maßen enthalten)
Kleine und große Erdbeere mit Positionsangabe
siehe Schnittbogen

NÄHANLEITUNG

Alle Teile gemäß der obigen Angaben zuschneiden, Vliesofix auf die Applikationsstoffe aufbügeln.
Großes Erdbeermotiv und Stiel auf Stoffstück B
und C übertragen und ohne Nahtzugaben ausschneiden. Papier von Vliesofix entfernen, Motiv
gemäß der Positionsangabe auf Bettbezug Oberseite aufbügeln, zuerst die Erdbeere und dann
darauf den Stiel.
Umsteppen der Erdbeere: Stärkere Nähnadel
(90-100) wählen und als Oberfaden das Ziergarn
in Natur einwechseln. Sticheinstellung auf Stoffrest überprüfen, Stichlänge ca. 3,5 mm.
Eventuell Oberfadenspannung etwas lockern.
Konturen der Erdbeere und des Stiels 2-3 mal
„lässig" versetzt mit dem naturfarbenen Ziergarn nachsteppen, im gleichen Arbeitsgang die
Konturen des Stiels ebenfalls 2-3 mal versetzt
nachsteppen. Die Knöpfe wie eingezeichnet von
Hand mit dem Ziergarn aufnähen.

Die drei kleinen Erdbeeren auf die Oberseite des
Kissenbezugs aufbügeln. Position: 8 cm von oben
gemessen bis zur oberen Kante der Erdbeeren,
Abstand zwischen den Motiven 4 cm.

Umsteppen der Erdbeeren und Aufsteppen der
Erdbeerstiele mit der Maschine: Kontur der Stiele
wie eingezeichnet auf den Stoff übertragen.
Konturen der Erdbeeren 2 mal „lässig" versetzt
mit dem naturfarbenen Ziergarn nachsteppen,
im gleichen Arbeitsgang die Konturen des Stiels
ebenfalls 1-2 mal versetzt nachsteppen.
Nähnadel und Garn wieder umwechseln.

Die unteren Kanten der Bettbezugteile 3 cm nach
links umbügeln, 1 cm Nahtzugabe einschlagen
und 2 cm von der Kante feststeppen.
Die versäumte Kante von Stoff A 20 cm rechts
auf rechts nach oben klappen. Kante bügeln und
wieder aufklappen.
Zusammennähen der Bettbezugteile mit Hotelverschluss: Bettbezug Unterseite (Stoff B) rechts
auf rechts auf Bettbezug Oberseite (Stoff A)
legen. Die oberen Kanten liegen genau aufeinander, die untere Kante von Stoff A „ragt" 20 cm
unter Stoff B hervor. Die überstehende Kante an
der Bügelfalte 20 cm auf Stoff B klappen. Die
rechte Seite von Stoff A liegt auf der linken Seite
von Stoff B, die Seiten sind genau bündig. Teile
sehr gut zusammenheften. Seitennähte und obere
Kante zusammensteppen. Nahtzugaben zusammen mit Zickzackstich versäubern.
Beim Kopfkissen genau wie beim Bettbezug vorgehen, der Hotelverschluss sitzt beim Kopfkissen
an der kurzen Seite und hat dieselben Maße wie
der Bettbezug.

	NICHT AUF SCHNITTMUSTERBOGEN:		
1	Bettbezug Oberseite	154 cm x 97 cm	1x Stoff A
2	Bettbezug Unterseite	134 cm x 97 cm	1x Stoff B
3	Kissenbezug Oberseite	42 cm x 84 cm	1x Stoff A
4	Kissenbezug Unterseite	42 cm x 64 cm	1x Stoff B

SCHNITTTEILE

Kinderbettwäsche mit Delphin

SCHWIERIGKEITSGRAD 2

GRÖSSE
Decke 130 cm x 95 cm
Kissen 40 cm x 60 cm mit Hotelverschlüssen und Wendeseite

MATERIAL
Stoff A (QVM1600-RAIN), 2,00 m

Stoff B (QVM1800-RAIN), 2,45 m

Vliesofix für Applikation

Nähgarn Coats Cotton Nr. 50, Weiß, Fb 2716

Perlgarn, Mittelblau

**SCHNITTMUSTERBOGEN B
(DUNKELGRÜN)**

NAHT- UND SAUMZUGABEN

Alle Nähte und Kanten 1,0 cm (bereits in den Maßen enthalten)
Kleiner und großer Delphin mit Positionsangaben siehe Schnittbogen

NÄHANLEITUNG

Alle Teile gemäß der Angaben zuschneiden, Vliesofix auf die Applikationsstoffe vor dem Zuschnitt aufbügeln.
Delphinmotiv auf Stoffstück übertragen und ohne Nahtzugaben ausschneiden. Papier von Vliesofix entfernen, Delphin gemäß der Positionsangaben auf Bettbezug Oberseite aufbügeln. Zunächst einmal rundum mit engem Zickzackstich applizieren. Dann die Kontur des Delphins von Hand mit Perlgarn und einfachen Heftstichen verzieren. Das Auge ebenfalls von Hand mit Perlgarn aufsticken. Kleines Delphinmotiv mittig gemäß Positionsangabe auf Kissenbezug Oberseite aufzeichnen und mit Heftstich aufnähen.

Wenn Ihnen die Handstichoptik nicht gefällt, dann verwenden sie bei der Applikation die ganz klassische Variante oder die bei der Erdbeertasche beschriebene Methode.

Die unteren Kanten der Bettbezugteile 3 cm auf links umbügeln, 1 cm Nahtzugabe einschlagen und 2 cm von der Kante feststeppen.
Die versäumte Kante von Stoff A 20 cm rechts auf rechts nach oben klappen. Kante bügeln und wieder aufklappen.
Zusammennähen der Bettbezugteile mit Hotelverschluss:
Bettbezug Unterseite (Stoff B) rechts auf rechts auf Bettbezug Oberseite (Stoff A) legen. Die oberen Kanten liegen genau aufeinander, die untere Kante von Stoff A „ragt" 20 cm unter Stoff B hervor. Die überstehende Kante an der Bügelfalte 20 cm auf Stoff B klappen. Die rechte Seite von Stoff A liegt auf der linken Seite von Stoff B, die Seiten sind genau bündig. Teile sehr gut zusammenheften. Seitennähte und obere Kante zusammensteppen. Nahtzugaben zusammen mit Zickzackstich versäubern.
Beim Kopfkissen genau wie beim Bettbezug vorgehen, der Hotelverschluss sitzt beim Kopfkissen an der kurzen Seite und hat dieselben Maße wie der Bettbezug.

NICHT AUF SCHNITTMUSTERBOGEN:

SCHNITTTEILE				
1	Bettbezug Oberseite	154 cm x 97 cm	1x Stoff A
2	Bettbezug Unterseite	134 cm x 97 cm	1x Stoff B
3	Kissenbezug Oberseite	42 cm x 84 cm	1x Stoff A
4	Kissenbezug Unterseite	42 cm x 64 cm	1x Stoff B

Traumhafte **Bettwäsche**

SCHWIERIGKEITSGRAD
3

GRÖSSE
Decke 140 cm x 200 cm
Kissen 80 cm x 80 cm mit
Wäschereißverschlüssen

MATERIAL
Stoff A (QTW1800-RED),
3,00 m

Stoff B (QTW2000-GREEN),
Maß s. Zeichnung

Stoff C (QVM1800-GERAN),
Maß s. Zeichnung

Stoff D (QTW2100-FUCHS),
1,50 m

Nähgarn Coats Cotton Nr. 50,
Weiß, Fb 2716

Reißverschluss, 135 cm,
Bettwäsche Opti S40,
Art. 1810, Weiß, Fb 09

Reißverschluss, 76 cm,
Bettwäsche Opti S40,
Art. 1810, Weiß, Fb 004

SCHNITTTEILE
Siehe Zeichnung
Die Maßangaben sind ohne Nahtzugabe!

NAHT- UND SAUMZUGABEN
Stoff A: Unterkante der Oberseite 2,0 cm,
Unterkante der Rückseite 3,0 cm
An allen anderen Nähten und Kanten 1,0 cm

NÄHANLEITUNG
Zuschnitt gemäß der Angaben. Dann die Stoff-
bahnen für die Bettbezugoberseite der Reihe
nach rechts auf rechts legen, heften und zusammensteppen. Nahtzugaben zusammen mit Zickzackstich versäubern. Mit der Rückseite genauso
verfahren.
Reißverschluss mit den unteren Nahtkanten von
Ober- und Unterseite verstürzen – Reißverschluss rechts auf rechts – Reißverschlusskante
bündig mit Schnittkante – legen und festheften.
Reißverschluss 1,0 cm von der Kante auf beiden
Seiten feststeppen, Nahtzugaben mit Zickzackstich versäubern. Teile rechts auf rechts legen,
die linke Stoffseite der Bezugoberseite oben.
Reißverschlusskante nach vorne umklappen und
feststecken. Seitennähte und obere Kante steppen. Nahtzugaben zusammen mit Zickzackstich
versäubern (siehe Lehrgang S. 110).
Bezug wenden, Kanten am verdeckten Reißverschluss sauber aufeinanderbügeln.

Der Kissenbezug wird wie der Bettbezug ver-
arbeitet.

Schemazeichnung Bezug-Oberseite

Maße in cm

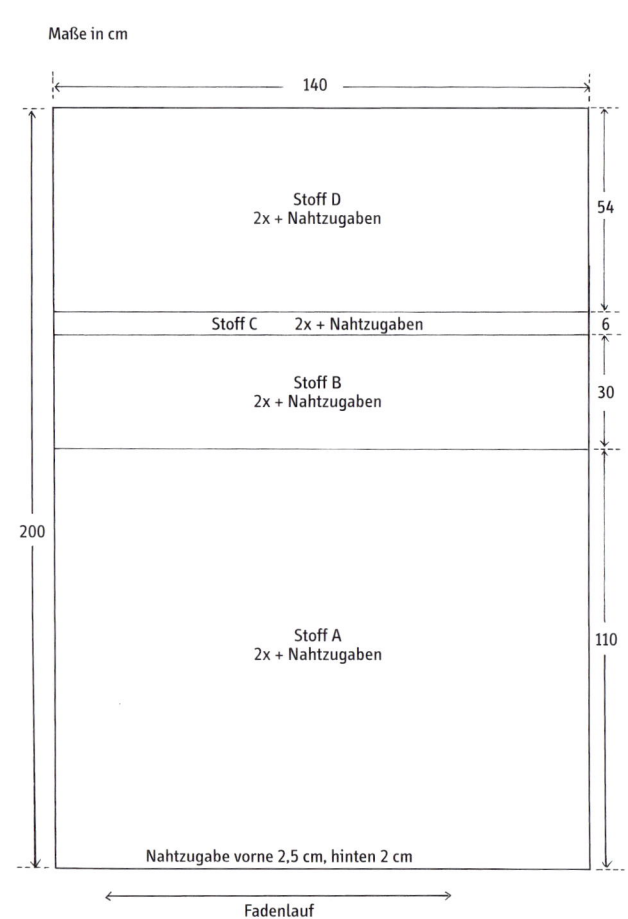

Zartes **Beutelchen**

SCHWIERIGKEITSGRAD 1

GRÖSSE
30 cm x 25 cm

MATERIAL
Stoff A (QVM1300-MILK), Maß s. Tabelle

Stoff B (QVM1800-OLIVE), Maß s. Tabelle

Satinband, 2 cm breit, 52 cm

Kordel oder Band, 1 cm breit, 70 cm

Nähgarn Coats Cotton Nr. 50, Khaki, Fb 7323

NAHTZUGABEN
Nahtzugaben 1 cm im Maß enthalten

NÄHANLEITUNG
Alle Teile gemäß der Angaben zuschneiden.
Aus beiden Zuschnitten je einen Beutel nähen:
Rechts auf rechts legen, heften, Seiten- und
Bodennaht steppen. Nahtzugaben auseinan-
derbügeln. Außenbeutel auf rechts wenden.
Den Besatz des Innenbeutels 8 cm nach außen
falten, Nahtzugabe 1 cm einschlagen, bügeln
und heften.
Außenbeutel auf Innenbeutel stülpen, die Sei-
tennähte treffen aufeinander.
Die Nahtzugabe des Außenbeutels unter den
Besatz des Innenbeutels legen. Satinband an
den kurzen Seiten zusammensteppen, dann der
Länge nach falten und als Biese zusammen mit
dem Außenbeutel unter den Besatz heften.
Teile von rechts knappkantig entlang der Besatzkante zusammensteppen. Die Biese wird so
gleich mit festgesteppt.

Eine zweite Naht für den Tunnelzug 2 cm von
der Besatzkante steppen.
An der Seitennaht auf beide Steppnähte eine
zusätzliche 2 cm lange kleine Zickzacknaht
setzen, dabei den Stich so eng wie bei einer
Knopflochnaht stellen und diese gut mit Gerad-
stich verriegeln.
Die erste Stofflage der Seitennaht zwischen
den Zickzackriegeln auftrennen. Kordel oder
Band einziehen und zusammensteppen oder
verknoten.

SCHNITT-TEILE	NICHT AUF SCHNITTMUSTERBOGEN:		
1	Außenseite Beutel	25 cm x 52 cm	1x Stoff A
2	Innenseite Beutel	39 cm x 52 cm	1x Stoff B

Wellnesshose für Damen

NAHT- UND SAUMZUGABEN

An allen Nähten und Kanten 1,0 cm

NÄHANLEITUNG

Alle Teile gemäß Schnittmuster zuschneiden. Seitennähte, innere Beinnähte und Schrittnähte mit Zickzackstich versäubern.

Seitennähte steppen, Nahtzugaben auseinander- bügeln. Blenden rechts auf rechts an die unteren Kanten der Hosenbeine steppen. Blenden nach unten legen, die Nahtzugaben in die Blenden bügeln.

Stickmotiv mit der Maschine aufsteppen: Blume gemäß Positionsangabe auf das linke Hosen- bein übertragen. Stärkere Nähnadel (90-100) einsetzen und als Oberfaden das rote Ziergarn einwechseln. Sticheinstellung auf Stoffrest überprüfen, Stichlänge ca. 3,5 mm. Eventuell Oberfadenspannung etwas lockern. Konturen der Blume 2 mal „lässig" nachsteppen. Natur- farbenen Zierfaden einwechseln und Kontur etwas versetzt ebenfalls 1-2 mal nachsteppen. Nähnadel und Garn wieder umwechseln.

Innere Beinnähte steppen, Nahtzugaben aus- einanderbügeln.

Blenden zur Hälfte nach innen falten, Nahtzuga- ben einschlagen und knapp über der Ansatznaht festheften. Blenden von rechts im Nahtschatten der Ansatznaht feststeppen, so dass sie von innen knapp mitgefasst werden.

Hosenhälften rechts auf rechts ineinanderziehen, Schrittnaht durchgehend steppen.

Den Besatz der oberen Hosenkante an der Um- bruchlinie nach innen falten, Nahtzugaben ein- schlagen und festheften. 3 cm von der Kante entfernt steppen, 4 cm Öffnung für das Gummi- band lassen. Gummizugweite festlegen, Gummi- band mit 6 cm Nahtzugabe zuschneiden und einziehen. Gummiband 3 cm überlappend von Hand oder mit der Maschine zusammennähen. Einziehöffnung schließen.

Satinband an der oberen Kante entlang der Besatznaht festheften. 1,5 cm ab der vorderen Mitte auf der Besatznaht feststeppen. Länge der Bindebänder festlegen, bei Bedarf etwas kürzen. Die offenen Kanten des Satinbandes doppelt einschlagen, von Hand schließen und zur Schleife binden. Knopf von Hand in die Mitte der Stickblume nähen.

	SCHNITTTEILE	
1	Vorderes Hosenteil	2x Stoff A
2	Rückwärtiges Hosenteil	2x Stoff A
3	Vordere Saumblende	2x im Stoffbruch Stoff B
4	Stickmotiv Blume mit Positionsangabe	
	Der Besatz (3 cm) für den Gummizug ist angeschnitten und der Umbruch im Schnitt eingezeichnet.	

SCHWIERIGKEITSGRAD
2

GRÖSSE
34/36 – 38/40 – 42/44

MATERIAL
Stoff A (QVM1800-GERAN),
1,80 – 1,90 – 2,00 m

Stoff B (QVM1700-GRAPE),
0,20 m

weiches Gummiband,
2,5 cm breit, 0,60 – 0,70 –
0,80 m

Satinband waschbar,
1 cm breit, farblich passend,
1,80 m

Nähgarn Coats Cotton Nr. 50,
Rot, Fb 7810

Ziergarn Coats Creative
Nr. 16, Rot, Fb 7810 und
Natur, Fb 1418

Zierknopf für die Stickblume

**SCHNITTMUSTERBOGEN
B (HELLBLAU)**

Wellnesshosen für Kids

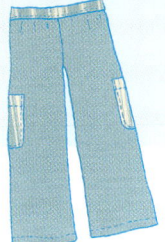

SCHWIERIGKEITSGRAD 2

GRÖSSE
98 – 110 – 122

MATERIAL
Stoff A (QVM1600-RAIN), 0,90 – 1,00 – 1,10 m

Stoff B (QVM1800-RAIN), Rest 30 cm x 40 cm
für zwei Taschen

weiches Gummiband, 2 cm breit,
0,60 – 0,65 – 0,70 m

Vlieseinlage, Rest

Nähgarn Coats Cotton Nr. 50, Natur, Fb 1418

Perlgarnrest, Mittelblau für Taschenmotiv

Kordel, Mittelblau, 0,80 – 0,90 – 1,00 m

Kordelstopper, farblich passend

**SCHNITTMUSTERBOGEN B
(HELLLILA)**

Wellnesshosen für Jungs

GERADES BEIN,
NORMALE WEITE

NAHT- UND SAUMZUGABEN

An allen Nähten und Kanten 1,0 cm
4 cm für Saum am Hosenbein
Der Besatz (2,5 cm) für den Gummizug ist
angeschnitten und der Umbruch im Schnitt
eingezeichnet.

NÄHANLEITUNG

Alle Teile gemäß Schnittmuster zuschneiden.
Seitennähte, innere Beinnähte und Schrittnähte
mit Zickzackstich versäubern.
Seitennähte steppen, Nahtzugaben auseinander-
bügeln.
Stickmotiv von Hand aufnähen: Delphinmotiv
auf die linke Tasche übertragen und Kontur mit
Perlgarn von Hand mit einfachem Heftstich oder
Hinterstich nachnähen.
Nahtzugaben der Taschen nach innen umbügeln.
Besätze der Taschen nach innen falten, Nahtzu-
gaben einschlagen und 4 cm von der Kante
feststeppen. Taschen mittig auf die Seitennähte
heften (17 – 20 – 23 cm von oberer Bundkante)
und doppelt feststeppen (0,1 und 0,7 cm von
Kante).

Innere Beinnähte steppen, Nahtzugaben auseinanderbügeln.
Hosenhälften rechts auf rechts ineinanderziehen,
Schrittnaht durchgehend steppen.
Knopflöcher (2 cm lang) für Kordelzug im Hosenbund fertigen, mittig im Bund, 1,5 cm von vor-
derer Schrittnaht. Davor Vlieseinlage von links
als Verstärkung aufbügeln.
Den Besatz der oberen Hosenkante an der Umbruchlinie nach innen falten, Nahtzugaben einschlagen und festheften. 2,5 cm von der Kante
steppen, 4 cm Öffnung für das Gummiband lassen. Gummizugweite festlegen, Gummiband
mit 6 cm Nahtzugabe zuschneiden und einziehen.
Gummiband 3 cm überlappend von Hand oder
mit der Maschine zusammennähen. Einziehöffnung schließen.
Kordel einziehen, Enden durch Kordelstopper
fädeln und verknoten.
Nahtzugaben Hosenbeine 4 cm nach innen falten,
1 cm einschlagen und 3 cm von der Saumkante
festnähen.

1	Vorderes Hosenteil	2x Stoff A
2	Rückwärtiges Hosenteil	2x Stoff A
3	Seitentaschen	2x Stoff B
4	Stickmotiv kleiner Delphin	

7/8 LÄNGE, LÄSSIGE WEITE

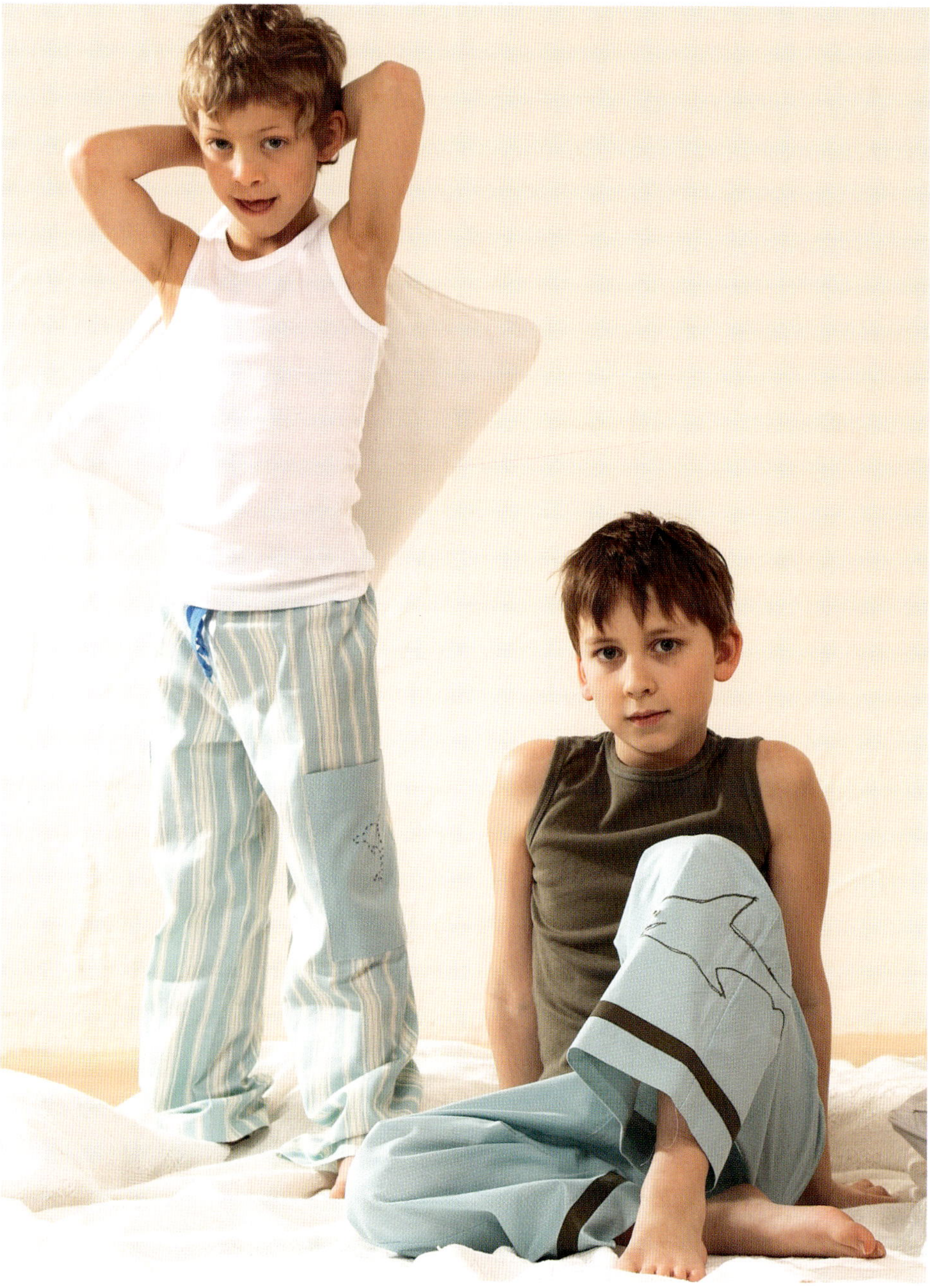

SCHWIERIGKEITSGRAD 2

GRÖSSE

146 – 152 – 158

MATERIAL

Stoff A (QVM1800-RAIN), 1,75 – 1,80 – 1,85 m

Baumwollband in Khaki, 2 cm breit, 1,10 m

weiches Gummiband, 1,5 cm breit, 0,65 – 0,70 – 0,75 m

Nähgarn Coats Cotton Nr. 50, Hellblau, Fb 2336

Nähgarn, farblich passend zum Band am Beinsaum, hier Coats Cotton Nr. 50, Khaki, Fb 7323

Ziergarn Coats Creative Nr. 16, Khaki, Fb 7323

kleiner Knopf als Auge für den aufgestickten Hai

SCHNITTMUSTERBOGEN B (HELLGRÜN)

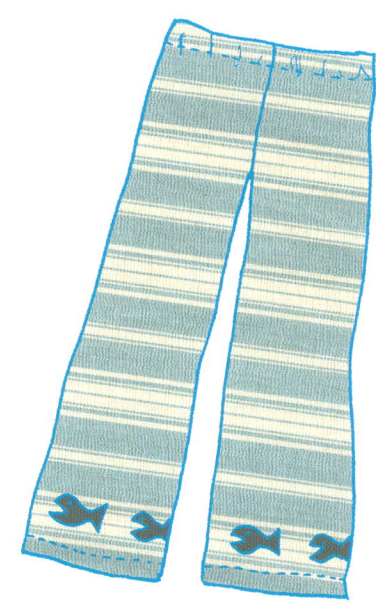

An allen Nähten und Kanten 1,0 cm
4 cm für Saum am Hosenbein
Der Besatz (2 cm) für den Gummizug ist
angeschnitten und der Umbruch im Schnitt
eingezeichnet.

NÄHANLEITUNG

Alle Teile gemäß Schnittmuster zuschneiden.
Seitennähte, innere Beinnähte und Schrittnähte
mit Zickzackstich versäubern.
Seitennähte steppen, Nahtzugaben auseinanderbügeln.
Stickmotiv mit der Maschine aufsteppen:
Haifisch auf das linke Hosenbein übertragen.
Position festlegen, hier Unterkante Hai 13 cm
von unterer Saumkante entfernt. Die Stickerei
zieht sich über die Seitennaht, die Schwanz-
flosse liegt auf rückwärtigem Hosenbein. Stärkere
Nähnadel (90-100) einsetzen und als Oberfaden
das khakifarbene Ziergarn einwechseln. Sticheinstellung auf Stoffrest überprüfen, Stichlänge
ca. 3,5 mm. Eventuell Oberfadenspannung etwas
lockern. Konturen des Haifisches 2-3 mal „lässig"
mit dem Ziergarn nachsteppen. Nähnadel und
Garn wieder umwechseln.

Innere Beinnähte steppen, Nahtzugaben auseinanderbügeln.
Hosenhälften rechts auf rechts ineinanderziehen,
Schrittnaht durchgehend steppen.
Den Besatz der oberen Hosenkante an der Umbruchlinie nach innen falten, Nahtzugaben
einschlagen und festheften. 2 cm von der Kante
entfernt steppen, 4 cm Öffnung für das Gummiband lassen. Gummizugweite festlegen, Gummiband mit 6 cm Nahtzugabe zuschneiden und
einziehen. Gummiband 3 cm überlappend von
Hand oder mit der Maschine zusammennähen.
Einziehöffnung schließen.
Nahtzugaben Hosenbeine 4 cm nach innen falten, 1 cm einschlagen und 3 cm von der Saumkante festnähen.
Webband mit 2 cm Zugabe passend abmessen
und so festheften, dass die Saumnaht verdeckt
wird. Das Ende des Bandes nach innen umklappen und das Band beidseitig feststeppen.
Knopf als Haifischauge von Hand annähen.

1	Vorderes Hosenteil	2x Stoff A
2	Rückwärtiges Hosenteil	2x Stoff A
3	Stickmotiv Haifisch	

SCHWIERIGKEITSGRAD 2

GRÖSSE
128 – 140 – 152

MATERIAL
Stoff A (QVM1600-GRAPE), 1,00 – 1,10 – 1,20 m

Stoff B (QVM1800-MILK), 0,15 m

weiches Gummiband, 3,5 cm breit,
0,65 – 0,70 – 0,75 m

Satinband waschbar, 1 cm breit, farblich passend,
2,0 m (1,10 m für Bund, je 0,50 für Tunnelzüge an
den Hosenbeinen)

Vlieseinlage, Rest

Nähgarn Coats Cotton Nr. 50, Natur, Fb 1418

2 Zierröschen

SCHNITTMUSTERBOGEN B (ROT)

An allen Nähten und Kanten 1,0 cm
3 cm für Saum am Hosenbein

NÄHANLEITUNG

Alle Teile gemäß Schnittmuster zuschneiden. Seitennähte, innere Beinnähte und Schrittnähte mit
Zickzackstich versäubern.
Seitennähte steppen, Nahtzugaben auseinanderbügeln.
Nahtzugaben Hosenbeine an der Seitennaht 3 cm
nach innen falten, 1 cm einschlagen und auf 3 cm

Länge (je 1,5 cm links und rechts der Seitennaht) feststeppen.

Nahtzugaben der Tunnelzüge ringsum auf links umbügeln, untere Kante steppfußbreit feststeppen. Tunnelzüge 2 mm von Saumkante innen im Hosenbein mittig auf die Seitennähte heften und ringsum schmal feststeppen. Die Teilungsnaht der Tunnelzüge von rechts im Nahtschatten der Seitennaht bis 1,5 cm vor Tunnelzugende steppen. Innere Beinnähte steppen, Nahtzugaben auseinanderbügeln.

Hosenhälften rechts auf rechts ineinanderziehen, Schrittnaht durchgehend steppen.

Nahtzugaben Hosenbeine 3 cm nach innen falten, 1 cm einschlagen und feststeppen, Tunnelzug dabei aussparen. Je 50 cm Satinband U-förmig einziehen und unten zur Schleife binden.

Knopflöcher für Kordelzug im Hosenbund gemäß Schnittzeichnung fertigen, Vlieseinlage von links als Verstärkung aufbügeln. Die Nahtzugaben an den kurzen Kanten mit Zickzackstich versäubern. Dann rechts auf rechts zusammensteppen. Nahtzugaben auseinanderbügeln.

Hosenbund rechts auf rechts an die Hose steppen, dabei die Bundnaht genau auf die hintere Schrittnaht setzen und darauf achten, dass die Knopflöcher mittig zur vorderen Schrittnaht sitzen. Nahtzugaben in den Hosenbund bügeln. Hosenbund am Umbruch nach innen falten, Nahtzugabe einschlagen und festheften. Von rechts feststeppen, 4 cm Öffnung für das Gummiband lassen. Gummizugweite festlegen, Gummiband mit 6 cm Nahtzugabe zuschneiden und einziehen. Gummiband 3 cm überlappend von Hand oder mit der Maschine zusammennähen. Einziehöffnung schließen. Satinband durch die Knopflöcher einziehen. Die offenen Kanten des Satinbandes doppelt einschlagen und von Hand schließen. Zierröschen auf Seitennaht an Tunnelzugende von Hand annähen.

Wenn Sie zusätzlich Tunnelzüge auf die Innenbeinnähte setzen, dann kann die Hose richtig gerafft und so in der Beinlänge um fast 10 cm variiert werden.

GERADES BEIN, NORMALE WEITE

SCHWIERIGKEITSGRAD 2

GRÖSSE
110 – 122 – 134

MATERIAL
Stoff A (QVM1300-MILK), 1,00 – 1,10 – 1,20 m

Stoff B (QVM1800-MILK), 0,15 m

weiches Gummiband, 3,5 cm breit, 0,60 – 0,65 – 0,70 m

Satinband, waschbar, 1 cm breit, farblich passend, 1,60 m

Nähgarn Coats Cotton Nr. 50, Natur, Fb 1418

Nähgarn Coats Cotton Nr. 50, Natur, Fb 1418

2 Zierröschen

SCHNITTMUSTERBOGEN B (DUNKELBLAU)

NAHT- UND SAUMZUGABEN
An allen Nähten und Kanten 1,0 cm
Der Besatz (5 cm) für den Gummizug ist angeschnitten und der Umbruch im Schnitt eingezeichnet.

SCHMALES BEIN MIT LEICHTEM SCHLAG UND TUNNELZUG

1	Vorderes Hosenteil	2x Stoff A
2	Rückwärtiges Hosenteil	2x Stoff A
3	Hosenbund, angesetzt	1x im Stoffbruch Stoff B
4	Tunnelzug für Hosenbein	2x Stoff B

GERADES BEIN, NORMALE WEITE

1	Vorderes Hosenteil	2x Stoff A
2	Rückwärtiges Hosenteil	2x Stoff A
3	Blenden Hosensaum	2x im Stoffbruch Stoff B

SCHNITT-TEILE

SCHNITT-TEILE

NÄHANLEITUNG

Alle Teile gemäß Schnittmuster zuschneiden.
Seitennähte, innere Beinnähte und Schrittnähte
mit Zickzackstich versäubern

Seitennähte steppen, Nahtzugaben auseinanderbügeln. Blenden rechts auf rechts an die unteren
Kanten der Hosenbeine steppen. Blenden nach
unten legen, die Nahtzugaben in die Blenden
bügeln.

Innere Beinnähte steppen, Nahtzugaben auseinanderbügeln.

Blenden zur Hälfte nach innen falten, Nahtzugaben einschlagen und knapp über der Ansatznaht
festheften. Blenden von rechts im Nahtschatten
der Ansatznaht feststeppen, sodass sie von innen
knapp mitgefasst werden.

Hosenhälften rechts auf rechts ineinanderziehen,
Schrittnaht durchgehend steppen.

Den Besatz der oberen Hosenkante an der Umbruchlinie nach innen falten, Nahtzugaben einschlagen und festheften. 5 cm von der Kante
steppen, 4 cm Öffnung für das Gummiband lassen. Gummizugweite festlegen, Gummiband mit
6 cm Nahtzugabe zuschneiden und einziehen.
Gummiband 3 cm überlappend von Hand oder mit
der Maschine zusammennähen. Einziehöffnung
schließen.

Wellnesshose für Herren

SCHWIERIGKEITSGRAD 2

GRÖSSE
48 – 50 – 52

MATERIAL
Stoff A (QVM1800-OLIVE), 2,30 – 2,35 – 2,40 m

Stoff B (QVM1700-VERBE), Rest für Tasche

weiches Gummiband, 2,5 cm breit,
0,85 – 0,90 – 0,95 m

Samtband, waschbar, 0,5 cm breit,
farblich passend, 1,20 m

Nähgarn Coats Cotton Nr. 50, Khaki, Fb 7323

SCHNITTMUSTERBOGEN B (BRAUN)

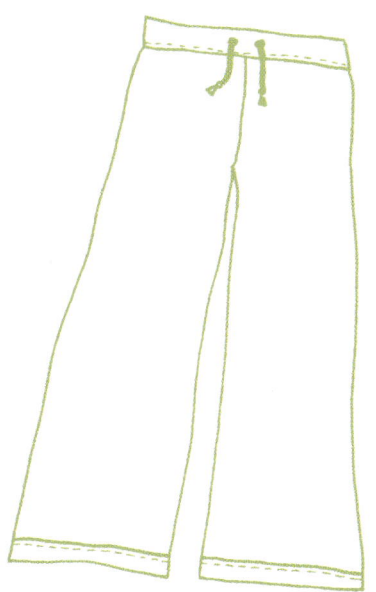

NAHT- UND SAUMZUGABEN

An allen Nähten und Kanten 1,0 cm
4,0 cm für Saum am Hosenbein (Saumzugabe seitlich ausstellen)
4,5 cm für Hosenbund (Saumzugabe seitlich ausstellen)
Der Besatz (3,5 cm) für den Gummizug muss beim Zuschneiden noch mit angeschnitten werden.

NÄHANLEITUNG

Alle Teile gemäß Schnittmuster zuschneiden.
Seitennähte, innere Beinnähte und Schrittnähte mit Zickzackstich versäubern.
Nahtzugaben der Gesäßtasche nach innen umbügeln. Tasche an der oberen Kante mit dem Besatz verstürzen, Besatz nach innen falten, Nahtzugabe einschlagen und 2 cm von der Kante feststeppen. Dabei das Samtband (14 cm) entweder gleich mittig mitfassen oder danach auf die Steppnaht mittig feststeppen. Gesäßtasche gemäß Positionsangabe im Schnitt auf das linke rückwärtige Hosenteil heften und doppelt feststeppen (0,1 und 0,7 cm von Kante entfernt).

Seitennähte steppen, Nahtzugaben auseinanderbügeln.
Innere Beinnähte steppen, Nahtzugaben auseinanderbügeln.
Hosenhälften rechts auf rechts ineinanderziehen, Schrittnaht durchgehend steppen.
Den Besatz und die Nahtzugabe (4,5 cm) der oberen Hosenkante an der Umbruchlinie nach innen falten, Nahtzugaben einschlagen und festheften. 3,5 cm von der Kante steppen, 4 cm Öffnung für das Gummiband lassen. Gummizugweite festlegen, Gummiband mit 6 cm Nahtzugabe zuschneiden und einziehen. Gummiband 3 cm überlappend von Hand oder mit der Maschine zusammennähen. Einziehöffnung schließen.
Nahtzugaben Hosenbeine 4 cm nach innen falten, 1 cm einschlagen und 3 cm von der Saumkante festnähen.
Samtband mit 2 cm Zugabe passend abmessen und so festheften, dass die Saumnaht verdeckt wird. Das Ende des Bandes nach innen umklappen und das Band mittig feststeppen.

SCHNITTTEILE			
	1	Vorderes Hosenteil	2x Stoff A
	2	Rückwärtiges Hosenteil	2x Stoff A
	3	Gesäßtasche	1x Stoff A
	4	Besatz obere Hosenkante	1x Stoff A (Zuschnitt 106 – 111 – 116 x 6 cm)
	NICHT AUF SCHNITTMUSTERBOGEN:		
		Besatz Gesäßtasche	2x Stoff B (2 cm x Taschenbreite)

DIE KLEINE STADT

102   Spiel-Häuser

105   Turmhaus

106   Rosenhaus

107   Streifenhaus

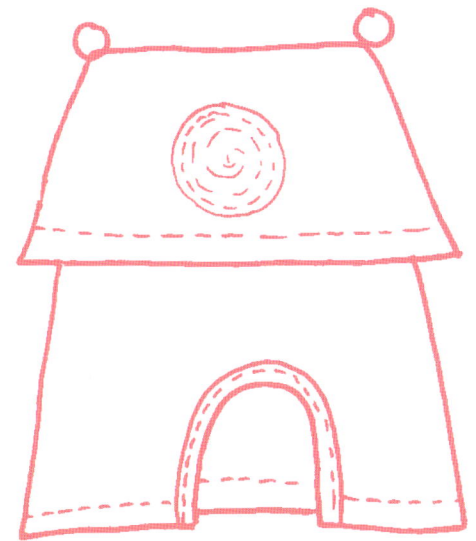

Spiel-**Häuser**

SCHWIERIGKEITSGRAD 2

GRÖSSE
Turmhaus ca. 40 cm hoch,
Standfläche ca. 12 cm Durchmesser

Rosenhaus ca. 20 cm hoch,
Standfläche ca. 16 cm Durchmesser

Streifenhaus ca. 23 cm hoch,
Standfläche ca. 17 cm x 17 cm

MATERIAL
verschiedene Stoffreste, Größe der
Zuschnitte s. Schnittmusterbogen

Volumenvlies, einseitig aufbügelbar

kräftige Vlieseinlage

Korsettband, 1,5 cm breit

Samtband, Satinband und Perlgarn in
passenden Farben

Knöpfe, Perlen, Filzkugeln, Seidenröschen,
Glöckchen

Nähgarn Coats Cotton Nr. 50, Weiß, Fb 2716
oder andere passende Farben

**SCHNITTMUSTERBOGEN B
(TURMHAUS TÜRKIS, ROSENHAUS
GRAU, STREIFENHAUS WEINROT)**

NAHT- UND SAUMZUGABEN

An allen Nähten und Kanten 1,0 cm
Vlieseinlage mit Nahtzugabe, Volumenvlies
ohne Nahtzugabe aufbügeln

NÄHANLEITUNG

Alle Häuschen sind nach demselben System
genäht:
Alle Schnittteile gemäß Schnittmuster und den
obigen Angaben zuschneiden.
Der Außenstoff A wird immer komplett mit Nahtzugaben mit fester Vlieseinlage verstärkt. Der
Innenstoff B wird immer mit Volumenvlies verstärkt, hier die Nahtzugaben bitte aussparen.
Die Teile werden zuerst einzeln erstellt, dann
miteinander verstürzt. In die Nahtzugaben der
runden Teile kann für bessere Standfestigkeit
Korsettband mit eingearbeitet werden. Die Wendeöffnungen oder offenen Nähte können von
Hand geschlossen oder mit einem Band eingefasst werden. Die Verzierungen und Nähte werden ganz am Ende aufgenäht oder aufgesteppt.

Ausnahme bildet die Dachziegelstruktur beim
Turmdach, sie wird vor dem Zusammennähen
aufgesteppt.

Turmhaus

Seitennaht Turm A rechts auf rechts zusammensteppen. Nahtzugaben auseinanderbügeln, Teil
wenden.
Turm B ebenso zusammensteppen, jedoch nicht
wenden.
Turm B rechts auf rechts auf Turm A stülpen,
untere Kante mit Türöffnung zusammensteppen.
Turm B in Turm A ziehen, Kantenumbruch sauber
aufeinanderbügeln.
Korsettband für die untere Kante (Türöffnung
aussparen) abmessen. Von oben zwischen die
zwei Stoffe entlang der unteren Kante legen und
von rechts festheften.
Von rechts direkt über dem Korsettband und
0,5 cm am Türbogen entlang steppen. Das Kor-

	SCHNITTTEILE		
	TURMHAUS		
1	Turm	1x im Stoffbruch Stoff A	
		1x im Stoffbruch Stoff B	
2	Turmdach	1x Stoff A, 1x Stoff B	
	ROSENHAUS		
1	Haus	1x im Stoffbruch Stoff A	
		1x im Stoffbruch Stoff B	
2	Hausdach	1x Stoff A, 1x Stoff B	
	STREIFENHAUS		
1	Hauswand	4x Stoff A (1x dabei Türöffnung aussparen)	
		4x Stoff B (1x dabei Türöffnung aussparen)	
2	Dachteil 1	1x im Stoffbruch Stoff A	
		1x im Stoffbruch Stoff B	
3	Dachteil 2	2x Stoff A, 2x Stoff B	

settband kann zusätzlich mit einer weiteren Naht oder einem Zierstich festgesteppt werden. Nahtzugaben der oberen Kante beider Teile einschlagen und bügeln.

Korsettband abmessen und in die eingeklappte Nahtzugabe von Turm A heften.

Obere Kanten sauber aufeinanderheften. Turmteile knappkantig und 0,7 cm von der Kante (oder ebenfalls mit Zierstich) zusammensteppen, das Korsettband wird mit befestigt.

Kleines Röschen über der Türöffnung festnähen.

TURMHAUSDACH

Dachziegelstruktur auf Turmdach A aufsteppen. Für eine dezente Optik wählen Sie farblich passendes Garn, wenn die Steppnähte stärker wirken sollen, nehmen Sie dickeres Nähgarn (z. B. Ziergarn Coats Creative Nr. 16) und eine Kontrastfarbe.

Seitennaht Turmdach A rechts auf rechts legen, heften und von unten bis zur Spitze zusammensteppen. Naht auseinanderbügeln, Teil wenden. Turmdach B ebenso zusammensteppen, jedoch nicht wenden. Nahtzugaben beider Dachteile auf links umbügeln.

Korsettband abmessen und in die eingeklappte Nahtzugabe von Dach A heften.

Dach A auf Dach B stülpen, untere Kanten sauber aufeinanderheften. Knappkantig und 0,7 cm von der Kante zusammensteppen, das Korsettband wird mit befestigt.

Dach mit Perlen und Röschen auf der Spitze verzieren. Dach wenden und ein kleines Glöckchen an der inneren Dachspitze festnähen.

Rosenhaus

Verarbeitung siehe Turmhaus.
Unterschied: die Türöffnung wurde mit einem
Rest Samtband verschönert und die obere
Kante mit Satinschrägband eingefasst. Über die
Tür wurde ein Perlmuttknopf genäht.

ROSENHAUSDACH

Verarbeitung siehe Turmdach.
Unterschied: Das Dach wurde nicht mit Korsettband verstärkt, die breite Standfläche liefert
genug Halt. Die untere Saumkante wurde nicht
verstürzt, sondern mit einem zugeschnittenen
Band aus einem Stoffrest eingefasst und mit
einem wellenförmigen Zierstich verschönert. Die
Dachspitze ziert ebenfalls ein Perlmuttknopf.

Streifenhaus

Zunächst alle vier Seitenteile für Haus A und ebenso für Haus B rechts auf rechts zusammensteppen. Nahtzugaben auseinanderbügeln. Es wird kein Korsettband benötigt, ansonsten Verarbeitung weiter wie bei Turmhaus oder Rosenhaus. Die Hausecken können für noch besseren Stand schmalkantig von rechts abgesteppt werden. Den Türbogen ziert hier ein Satinschrägband.

STREIFENHAUSDACH

Zunächst die Seitenteile rechts auf rechts in die Dachteile 1 steppen. Das gelingt am besten, wenn die Nähte von unten zur Spitze hin gesteppt werden.
Korsettband wird nicht benötigt, ansonsten Verarbeitung wie Turmdach. Das Dach wurde innen wie außen mit einer Applikation mit Filzbommeln verziert.

Die Häuser sind waschbar, lassen sich flach zusammenlegen und mitnehmen und eignen sich so auch für die ganz Kleinen.
Bitte achten Sie vor allem bei Kindern unter 3 Jahren darauf, dass keine Kleinteile aufgenäht werden, die verschluckt werden könnten. Sie können stattdessen Knisterfolie oder kleine Glöckchen zwischen die Formen einnähen.

GRUNDLAGEN & TIPPS

Zubehör

Richtiges Arbeitswerkzeug spart Nerven und ist der Weg zum Erfolg.

Als Grundausstattung für alle Projekte werden diese Materialien und Werkzeuge benötigt: Schneidermaßband, gute Stoffschere, kleine Schere zum Abschneiden der Nahtfäden, Seidenpapier, Kopierpapier und Kopierrädchen, Schneiderkreide oder Markierstift für feine Markierungen, Nahttrenner, Stecknadeln, Heftfaden, Handnähnadeln, Papierschere, Bleistift, Filzstift, außerdem für manche Projekte Lineal und Zirkel.
Hilfreich für das Übertragen der Schnitte sind auch flexible Kurvenlineale oder ein Schneiderwinkel.
Im Handel finden Sie die unterschiedlichsten Nähmaschinen in verschiedenen Preisklassen. Falls Sie noch keine Nähmaschine haben und Sie sich eine zulegen möchten, kaufen Sie nicht die allergünstigste. Am besten lassen Sie sich in einem Fachgeschäft beraten.
Sehr gut geeignet sind Bügeleisen mit Dampffunktion. Damit werden auch dickere und sehr knitteranfällige Stoffe wie Jeans oder Leinen schön glatt. Des Weiteren brauchen Sie ein Bügelbrett und eventuell auch ein Ärmelbrett. Mit einem Bügeltuch können hitzeempfindliche Stoffe abgedeckt und Glanzstellen vermieden werden. Außerdem kann damit das Bügelbrett beim Aufbügeln von Vlieseinlage vor Klebespuren geschützt werden.

Vorbereitungen

Da die meisten Stoffe bei der ersten Wäsche einlaufen, empfiehlt es sich, diese vor dem Zuschnitt zu waschen. Dabei verwendet man das empfohlene Waschprogramm und bügelt den Stoff vor dem Zuschnitt wieder glatt. Am wichtigsten ist das Vorwaschen natürlich bei der Bekleidung, Hüten und bei Teilen, die viel Einlage oder einen Reißverschluss haben, der nicht mit eingeht und dann unschöne Falten wirft.

Alle eingesetzten Materialien müssen ebenfalls waschbar sein, vor allem Satin- und Samtbänder, Knöpfe, Perlen und Verzierungen. Karabiner oder Schnallen nehmen Sie vor dem Waschen einfach ab.

Stoffverbrauch

Der angegebene Stoffverbrauch bezieht sich auf die Originalstoffe der „Free Spirit Kollektion". Alle Stoffe sind aus reiner Baumwolle und liegen 115 cm breit.
Die im Buch angegebenen Maße sind für vorgewaschene Stoffe ermittelt, beim Einkauf müssen also ca. 5 % zugegeben werden.
Vor allem bei großgemusterten Stoffen muss besonders auf den Musterverlauf geachtet werden. Bei diesen Dessins ist der höhere Verbrauch bereits mit eingerechnet.

Zusammenstellen der Stoffe

Es gibt unendlich viele Möglichkeiten, die Stoffe ganz individuell nach eigenen Vorstellungen, Ideen und Bedürfnissen zusammenzustellen. Für Ungeübte hier noch ein paar Tipps für gutes Gelingen:
Achten Sie auf eine ausgewogene Mischung – ein auffälliges, großes oder vielfarbiges Muster (z. B. große Blumen) wirkt immer besser, wenn es mit einem ruhigen, einfarbigen oder kleineren Allover-Muster (Streifen, Karo, Punkte) kombiniert wird und nicht in Konkurrenz zu einem anderen dominanten Dessin steht.
Schön ist es, wenn es eine Gemeinsamkeit zwischen den Stoffen gibt: eine Farbe, die sich wiederholt, ein Motiv, das wiederkehrt oder ein durchgängiger Stil.
Die Stoffe werden vor dem Zuschnitt nebeneinander gelegt und verschiedene Kombinationen ausprobiert.
Vor allem bei Dessins mit hohem Weißanteil muss darauf geachtet werden, dass die Weißtöne zusammenpassen: Naturweiß verträgt sich nicht immer mit Brilliantweiß und wirkt dann oft schmutzig.

Zuschnitt

Das Schnittmuster und alle Markierungen mit Bleistift oder Filzstift und Geodreieck/Kurvenlineal vom Schnittbogen auf Seidenpapier durchzeichnen. Den Schnitt ausschneiden und mit Stecknadeln auf die linke Stoffseite aufstecken. Unbedingt den Fadenlauf (=Webrichtung) beachten. Die angegebene Nahtzugabe mit Kreide oder Markierstift anzeichnen und ausschneiden. Vor dem Entfernen des Seidenpapiers vom Stoff die Konturlinien und Nahtlinien sowie alle wichtigen Markierungen wie Abnäher, Knopflöcher und Ansatzlinien mit Schneiderkreide oder Markierstift kennzeichnen.

Vorlagen für Applikationen oder Stickereien auf Seidenpapier abpausen und mit Kopierrädchen und Kopierpapier auf die rechte Stoffseite übertragen. Die Motivkonturen mit auswaschbarem Markierstift oder Schneiderkreide nachzeichnen.

Wenn Applikationen mit beidseitig haftender Einlage versehen werden, kann das Motiv auch spiegelverkehrt auf die Papierseite der Einlage gezeichnet werden. Die Einlage großzügig ausschneiden und von links aufbügeln. Entlang der aufgezeichneten Konturen ausschneiden, das Papier entfernen und die Applikation aufbügeln.

Bügeln und heften

Auch wenn diese Arbeitsgänge manchmal lästig erscheinen, lohnt sich die Mühe auf jeden Fall. Eine sauber ausgebügelte Naht lässt sich bei den folgenden Schritten sehr viel einfacher weiterverarbeiten, Falten und Unsauberkeiten werden vermieden. Die Nähte möglichst von links bügeln, um Glanzstellen vorzubeugen.
Ein Bügeltuch bewahrt das Bügeleisen vor Klebespuren von Einlagestoffen.
Bei geraden und einfachen Nähten können Sie Stecknadeln verwenden.
Die Stecknadeln immer im rechten Winkel zur Naht stecken, das hält die Stoffe besser zusammen, die Stecknadeln können nicht mit der Maschinennadel kollidieren und Sie können sie während des Steppens besser entfernen. Komplizierte Nähte, Rundungen, Reißverschlüsse und Bänder werden am besten von Hand mit Heftfaden geheftet und gelingen sicher. Geübte Näherinnen können natürlich auch hier Stecknadeln verwenden!

Bodenabnäher

Um einer Tasche Bodenvolumen oder eine Standfläche zu geben, können von links Abnäher gesteppt werden:
Ecken am Boden der Tasche so umlegen, dass die Seitennaht entlang der Bodenmitte in Richtung Eckenspitze verläuft. Abnäher im rechten Winkel zur Seitennaht im angegebenen Abstand von der Eckenspitze steppen. Je größer der Abstand, desto tiefer der Boden. Die Taschenhöhe verringert sich durch die Bodenabnäher proportional um die halbe neu gewonnene Bodentiefe.

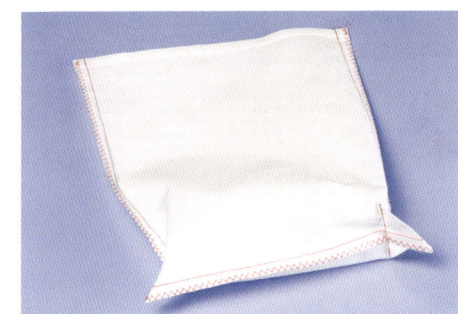

Kellerfalte

Für eine Kellerfalte zunächst die beiden Seitenlinien als auch die Faltenmitte markieren. Stoff von rechts entlang der Seitenlinien falten und bügeln. Die gebügelten Seiten so in Richtung Faltenmitte legen, dass die Seitenlinien zusammentreffen. Falte innerhalb der Nahtzugabe oder wie angegeben heften.

Reißverschluss beidseitig verstürzen: Reißverschluss rechts auf rechts bündig mit den Schnittkanten legen, festheften und 1,0 cm von der Kante auf beiden Seiten feststeppen. Nahtzugaben mit Zickzackstich versäubern.

Teile rechts auf rechts legen, die linke Stoffseite der Vorderseite liegt oben. Reißverschlusskante nach vorne umklappen und feststecken.

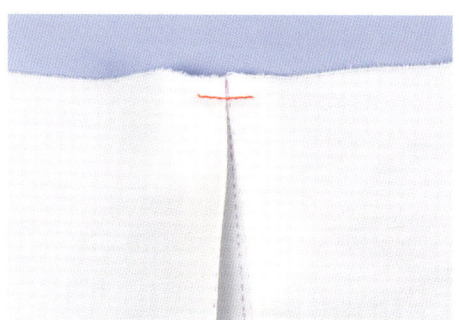

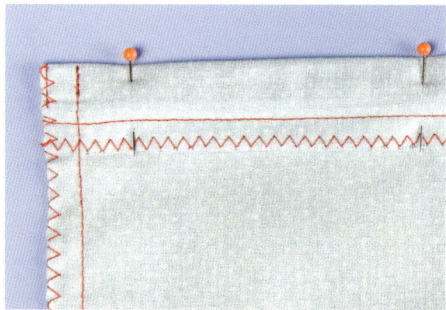

Seitennähte und offene Kante steppen. Nahtzugaben zusammen mit Zickzackstich versäubern.

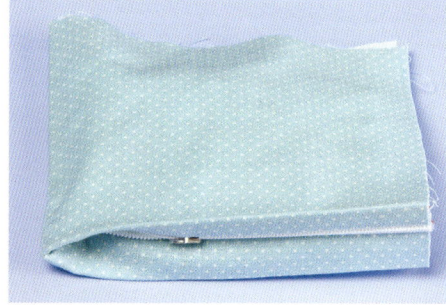

Bezug wenden, Kanten am verdeckten Reißverschluss sauber aufeinanderbügeln.

Einhaltefäden/ Stoff einkräuseln

Um einen Stoff gerüscht annähen zu können, muss man ihn mit Hilfe von Einhaltefäden einkräuseln.
Diese Hilfsfäden werden in zwei Reihen ca. 0,7 cm und 1,0 cm vom Rand entfernt entweder von Hand in ca. 0,5 cm langen Stichen eingezogen oder mit der Nähmaschine gesteppt. Dafür die größte Stichlänge einstellen, die Fadenspannung etwas lockern und die Fäden an beiden Seiten ca. 10 cm stehen lassen. Die Stiche nicht mit Riegeln sichern.
Stoff auf die benötigte Breite zusammenkräuseln, Anfänge und Enden der Einhaltefäden gut verknoten oder mit Stichen sichern. Stofffalten gleichmäßig verteilen. Gerüschten Stoff rechts auf rechts auf das entsprechende Teil legen und festheften, dabei nochmals auf gleichmäßige Verteilung der Stofffalten achten. Rüsche feststeppen, Einhaltefäden entfernen, Nahtzugaben gegebenenfalls zusammen mit Zickzackstich versäubern.

Applikationen und Stickmotive

Die Applikationstechnik im Buch weicht von der herkömmlichen Methode insofern ab, da Ungenauigkeiten und etwas ausfransende Ränder durchaus zur gewollten Optik gehören. Das mehrfache Umsteppen der Applikation mit Ziergarn ermöglicht ein freieres Arbeiten, die Steppnähte dürfen und sollen sich auch mal überkreuzen und von der Kontur abweichen. Ein Probestück ist immer hilfreich, wenn man sich nicht gleich an das Original herantraut. Die Motive können natürlich auch in der altbewährten Applikationsweise aufgenäht und die Stickmotive von Hand mit Perlgarn ergänzt werden. Probieren Sie aus, welche Methode Ihnen am besten gefällt.

Füllen mit Polyestergranulat

Polyestergranulat ist sehr leicht und als Füllung sehr formbar und angenehm. Es eignet sich besonders als Füllmaterial für große Kissenformen.
Da es nicht waschbar ist, sollten die kleinen Styroporkügelchen in ein Innenkissen eingefüllt werden, das mit einer Steppnaht verschlossen wird.
Das Innenkissen wird aus leichtem Nesselstoff, Leintuch oder einem anderen dicht gewebten Baumwollstoff genäht. Es kann auch ein alter Kissenbezug verwendet werden.
Die Schnittteile der entsprechenden Kissenhülle deutlich größer zuschneiden, an jeder Seite mindestens 10 cm zugeben. Nähte der Schnittteile bis auf eine ca. 30 cm große Füllöffnung zusammensteppen.
Innenkissen mit Polyestergranulat füllen, Öffnung zusammenbinden und ausprobieren, ob die Füllung bereits genug befüllt ist. Dabei lieber etwas fester als gewohnt stopfen, die Füllung wird im Gebrauch noch etwas lockerer.
Zum Schluss Füllöffnung mit Steppnaht schließen.

Wenn Sie mehrere Projekte mit Füllgranulat planen – machen Sie die Füllaktion am besten auf ein Mal und nehmen Sie sich eine andere Person zur Hilfe. Die Kügelchen sind sehr flink, sie lassen sich aber gut einfüllen, wenn eine Person die Füllöffnung aufhält und die andere das Einfüllen übernimmt.

LAURA SINIKKA WILHELM

Jahrgang 1971, studierte Textildesign in Finnland
und Deutschland. Ihren Abschluss machte sie
1997 als Dipl.- Ing. Textildesignerin an der FH
Reutlingen. Seither ist sie selbständig tätig und
arbeitet als freie Mode- und Textildesignerin
sowie als Gast-Dozentin und Autorin in beiden
Ländern.
Gute Gestaltung lernte sie schon als Kind kennen
und lieben. Die Verbundenheit zu ihrer zweiten
Heimat Finnland bereichert ihre Arbeit und spie-
gelt sich unverkennbar in ihren Entwürfen wider.
Die Freiheit, ihre Ideen auch mal unkonventionell
umzusetzen, hat sie sich dabei immer bewahrt.
Heute lebt Laura Sinikka Wilhelm mit ihrem
Mann und ihren zwei Kindern in der Nähe von
Stuttgart.

DANKE! Tobi, Tim, Lilja, Lilly, Adrian, Amelie,
Ida, Paulus, Susi, Eva, Katri, Jussi, Miri, Susanne,
Waltraud, Karl, Rudolf, Marjatta.

HILFESTELLUNG ZU ALLEN FRAGEN, DIE
MATERIALIEN UND KREATIVBÜCHER
BETREFFEN: FRAU ERIKA NOLL BERÄT
SIE. RUFEN SIE AN: 05052/91 18 58*
*normale Telefongebühren

Wir danken diesen Firmen für die Unter-
stützung bei diesem Buch:

Coats GmbH, 79341 Kenzingen
www.coatsgmbh.com

GreenGate Interiors, DK-2930 Klampenborg
www.greengate.dk

Rayher Hobby GmbH, 88471 Laupheim
www.rayher-hobby.de

PROJEKTMANAGEMENT: Eva-Barbara Hentschel
LAYOUT: Petra Theilfarth
FOTOS: frechverlag GmbH, 70499 Stuttgart; lichtblick GmbH, Jochen Frank, Laichingen;
lichtpunkt, Michael Ruder, Stuttgart (alle Arbeitsschrittfotos)
DRUCK UND BINDUNG: Korotan d.o.o., Ljubljana, Slowenien

Auflage:	6.	5.	4.	3	2.
Jahr:	2014	2013	2012	2011	2010 [Letzte Zahlen maßgebend]

© 2009 **frechverlag** GmbH, 70499 Stuttgart

ISBN 978-3-7724-6591-8 • Best.-Nr. 6591